MANAGING
ESSENCIAL

M667m   Mintzberg, Henry.
           Managing essencial : a essência do premiado
         managing, para gerentes com pouco tempo / Henry
         Mintzberg ; tradução: Théo Amon. – Porto Alegre :
         Bookman, 2014.
           xi, 136 p. : il. ; 23 cm.

           ISBN 978-85-8260-185-3

           1. Administração de empresas. I. Título.

                                                   CDU 658

Catalogação na publicação: Ana Paula M. Magnus – CRB 10/2052

MINTZBERG HENRY
MANAGING
ESSENCIAL

A ESSÊNCIA DO PREMIADO *MANAGING*, PARA GERENTES COM POUCO TEMPO

Tradução:
Théo Amon

bookman

2014

Obra originalmente publicada sob o título
Simply Managing
ISBN 9781609949235 / 1609949234

Copyright © 2013, Henry Mintzberg
All rights reserved.
Published by arrangement with Berrett-Koehler Publishers, San Francisco.

Gerente editorial: *Arysinha Jacques Affonso*

Colaboraram nesta edição:

Leitura final: *Gabriela Sitta*

Capa: *Paola Manica*

Editoração: *Techbooks*

Reservados todos os direitos de publicação, em língua portuguesa, à
BOOKMAN EDITORA LTDA., uma empresa do GRUPO A EDUCAÇÃO S.A.
Av. Jerônimo de Ornelas, 670 – Santana
90040-340 – Porto Alegre – RS
Fone: (51) 3027-7000   Fax: (51) 3027-7070

É proibida a duplicação ou reprodução deste volume, no todo ou em parte, sob quaisquer formas ou por quaisquer meios (eletrônico, mecânico, gravação, fotocópia, distribuição na Web e outros), sem permissão expressa da Editora.

Unidade São Paulo
Av. Embaixador Macedo Soares, 10.735 – Pavilhão 5 – Cond. Espace Center
Vila Anastácio – 05095-035 – São Paulo – SP
Fone: (11) 3665-1100   Fax: (11) 3667-1333

SAC 0800 703-3444 – www.grupoa.com.br

IMPRESSO NO BRASIL
PRINTED IN BRAZIL

O AUTOR

Em 1979, Henry Mintzberg publicou *The Structuring of Organizations*, com 512 páginas. Em 1983, publicou essas ideias em aproximadamente a metade do volume, sob o título *Criando organizações eficazes: estruturas em cinco configurações*. Ele se tornou o mais vendido de seus 16 livros (outros livros seus incluem *MBA? Não, obrigado!* [2004], *Mintzberg on management* [1989] e *Ascensão e queda do planejamento estratégico* [1994]).

Em 2009, ele publicou *Managing*. *Managing essencial* tem cerca de metade do seu volume. O título é esse não porque a gestão seja simples ou tenha ficado mais simples desde 2009, mas porque ambos os livros são sobre gestão, pura e simples.

Após estudar engenharia mecânica na McGill University, Mintzberg trabalhou com pesquisa operacional nas Ferrovias Nacionais Canadenses, depois obtendo mestrado e doutorado no MIT. Desde então, ele faz parte do corpo docente da McGill University – nos últimos anos, como professor Cleghorn de Estudos de Gestão –, além de ser professor visitante na London Business School, no Insead e em outras instituições.

Mintzberg recebeu prêmios de destacadas associações acadêmicas e profissionais, incluindo a Academy of Management, a Strategic Management Society e a Association of Management Consulting Firms. Ele foi a primeira pessoa de uma faculdade de gestão a ser nomeado para a Sociedade Real do Canadá, sendo Portador da Ordem do Canadá e da Ordre National du Québec. Dezoito universidades em todo o mundo lhe concederam títulos honorários.

Durante as duas últimas décadas, ele vem trabalhando com colegas da McGill e de outras intituições em um conjunto de programas em que gestores aprendem refletindo sobre sua própria experiência, em pequenos grupos. Incluem-se aí o International Masters in Practicing Management (www.impm.org), o International Masters for Health Leadership (www.imhl.info) e o Advanced Leadership Program (www.impm-alp.com). Eles levaram à fundação do www.CoachingOurselves.com, que possibilita aos grupos de gestores aprender e promover a mudança em seu próprio local de trabalho.

Mintzberg está concluindo um estudo monográfico intitulado "Gerenciando os mitos da área da saúde", e dedica seu tempo a um conjunto de "panfletos eletrônicos", sob o título *Reequilibrando a sociedade: renovação radical além da esquerda, da direita e do centro*. Todos serão postados em www.mintzberg.org antes de publicados em outros formatos.

DEDICATÓRIA

Eu dedico esta edição à Berrett-Koehler, uma organização envolvente.

Steve Piersanti era presidente de uma divisão de sucesso de uma grande editora quando, em uma onda de corte de custos, recebeu ordens de reduzir sua equipe em 10%. Ele se recusou, argumentando que sua unidade ia bem e não tinha a rotatividade que tornava esses cortes fáceis para as outras unidades. Quando vários autores e fornecedores descobriram que ele fora demitido, eles o incentivaram a fundar sua própria empresa, oferecendo-lhe apoio. Assim nasceu a Berrett-Koehler.

E assim ela vem trabalhando desde então: é um tipo diferente de editora. A equipe dificilmente muda: muitas das mesmas pessoas competentes e dedicadas estão lá há anos. Elas acreditam em livros além das vendas, em causas além do valor para o acionista e nas ideias dos autores além de suas reputações. "Criar um mundo que funcione para todos" não é apenas a missão declarada da empresa: isso está refletido nos livros que ela produz e como ela opera internamente. A consequência disso talvez seja mais bem refletida pelo fato de que, quando a empresa precisou de financiamento e recorreu a seus autores, sessenta deles compraram quotas da sociedade.

A Berrett-Koehler consulta seus autores sobre cada aspecto dos seus livros, inclusive o projeto gráfico. Ela organiza um dia do autor para cada um deles. O autor vai ao escritório em San Francisco e discute o livro com uma animada equipe de editores, designers, produtores, profissionais de marketing, pessoal de vendas de direitos, e outros. É um dia bem especial. O destaque é o almoço com o autor, de que participa toda a equipe no escritório, ocasião em que o autor tem a oportunidade de apresentar o livro. Eu rebatizei um dos meus livros por causa de um comentário feito no almoço pelo representante de uma rede de livrarias.

O nome Piersanti & Company foi rejeitado já de início. Em vez disso, os dois fundadores, Steve e sua esposa, investigaram suas próprias genealogias. Após considerar diversas opções, eles ficaram com Berrett (o nome da bisavó de Steve) e Koehler (o nome do avô de sua esposa).

Steve Piersanti não é um líder heroico: é um gestor engajado, discreto e modesto, mas sumamente determinado. Ele não segue a multidão, e a Berrett--Koehler já publicou livros em que editoras tradicionais não tocariam.

Eu tenho orgulho de ser um autor e proprietário na comunidade da Berrett--Koehler Publishers, Inc.

BEM-VINDO A *MANAGING ESSENCIAL*

Este livro é escrito para gestores praticantes e para as muitas outras pessoas influenciadas e interessadas por essa prática. Ele pode ser especialmente útil para novos gestores, atordoados pelo estranho mundo novo da gestão. *Managing essencial* é uma versão consideravelmente condensada e um pouco revisada do meu livro *Managing* (2009), concentrando-se em sua essência para leitores ocupados.

As frases em negrito sintetizam os pontos-chave deste livro, servindo como um comentário contínuo ao longo de todo ele (não há resumos de capítulo: acredito que essas frases cumprem essa função com mais eficácia). Use-as se você é o gestor atribulado descrito no Capítulo 2, e pense sobre elas se você deseja ser o gestor reflexivo de que trata o Capítulo 5. Para ajudar, eis um panorama dos seis capítulos:

- O *Capítulo 1* faz a abertura questionando vários **mitos** comuns sobre gestão – por exemplo, que liderança é mais importante do que gestão. Esse capítulo é curto, mas necessário para o que vem depois, então leia-o!

- O *Capítulo 2* descreve as **pressões incessantes** sobre os gestores – o ritmo frenético, as interrupções, a desordem que tem que ser ordenada, e outras. Vá com calma e dê uma olhada – pode ser que encontre algumas surpresas.

- O *Capítulo 3* fala sobre o conteúdo básico do trabalho – **o que os gestores fazem e por quê**. A gestão é descrita como efetivada em três "planos": por meio de informação, com pessoas e para ação. As frases em negrito talvez sejam de especial valia aqui.

- O *Capítulo 4* considera as **variedades** desconhecidas da gestão: em diferentes culturas; em diferentes níveis da hierarquia; praticada como arte, ofício e ciência; e assim por diante. As frases em negrito podem levá-lo a algumas conclusões que você talvez não esteja esperando.

- O *Capítulo 5* vai ao cerne do que torna a gestão difícil: os **impasses** que forçam todo gestor a andar no fio de várias navalhas ao mesmo tempo. Por exemplo: como conectar-se em um trabalho que é intrinsecamente desconectado? Como manter a confiança sem ficar arrogante? Eu acredito que esse seja o capítulo mais importante do livro: leia-o para encarar os aspectos insolúveis do trabalho, em vez de tentar resolvê-los.

- O *Capítulo 6* examina o que torna os gestores **eficazes**. Não espere as exortações de sempre. Em vez disso, aceite que os gestores devem ser escolhidos por seus pontos fracos, além de seus pontos fortes (e quem os conhece melhor do que as pessoas que eles gerenciaram?), e aceite também que os melhores gestores muitas vezes mostram ter mente límpida, saúde emocional e mais. Chega de liderança heroica: é hora de gestão engajadora!

SUMÁRIO

1 Gerenciando além dos mitos   1
O que gestão é e o que não é

2 Gerenciando incessantemente   11
As pressões do trabalho gerencial

3 Gerenciando informações, pessoas e ação   25
Um modelo de gestão

4 Gerenciando de tudo quanto é jeito   49
As variedades desconhecidas da gestão

5 Gerenciando no fio da navalha   73
Os impasses inescapáveis da gestão

6 Gerenciando com eficácia   95
Chegando à essência da gestão

Referências   121
Índice   127

CAPÍTULO 1
GERENCIANDO ALÉM DOS MITOS

O que gestão é e o que não é

Meio século atrás, Peter Drucker (1954) pôs a gestão no mapa. Desde então, a liderança a empurrou para fora do mapa. Agora somos engolfados por grandes histórias sobre os enormes sucessos e fracassos ainda maiores de grandes líderes. No entanto, ainda temos que responder à altura das realidades de ser gestor.

Este é um livro sobre gerenciar, gerenciar na prática – apesar de o trabalho não ser simples. Ele considera características, conteúdos e variações do trabalho, assim como os impasses com que se deparam os gestores. Meu objetivo é simples. Gestão é importante para qualquer um afetado por sua prática, o que significa não apenas gestores, mas todo mundo. Todos nós precisamos compreendê-la melhor a fim de que ela seja mais bem praticada. Alguns dos questionamentos abordados pelo livro incluem:

- Os gestores estão ocupados demais gerenciando?
- Liderança é realmente algo separado de gestão?
- A Internet está cerceando os gestores ao ajudá-los?
- Como os gestores podem se conectar quando a própria natureza de seu trabalho os desconecta do que eles gerenciam?
- Onde foi parar todo o discernimento?

Há anos que pergunto a grupos de pessoas dessa área: "O que aconteceu no dia em que você se tornou gestor? Ofereceram-lhe algum tipo de orientação?". A reação é quase sempre a mesma: olhar intrigado, e depois um dar de ombros. Imagino que se deve descobrir sozinho, assim como no sexo, e geralmente com consequências iniciais igualmente constrangedoras. Ontem, você tocava flauta ou fazia cirurgias; hoje, você se surpreende gerenciando as pessoas que fazem essas coisas. Tudo mudou, mas você está sozinho, confuso e assoberbado. Este livro é para ajudá-lo, não oferecendo respostas fáceis – elas não existem –, mas incitando uma compreensão mais profunda.

UM POUCO DE REALIDADE PARA DESPERTAR

No fim dos anos 1960, em minha tese de doutorado, observei cinco gestores por uma semana cada um. O resultado foi meu primeiro livro, *The Nature of Managerial Work* (1973). Nos anos 1990, refiz esse trabalho, passando um dia observando cada um de 29 gestores em diversos ambientes – negócios, governo, saúde, ONGs – nos níveis sênior, médio e operacional, em organizações que iam de 18 a 800 mil funcionários (vide Tabela 1, p. 4). Os *insights* foram reveladores e me fizeram despertar (descrições completas desses dias e o que eu aprendi com eles podem ser vistos em www.mintzberg-managing.com). Eu usei essas conclusões em meu livro *Managing*, de 2009. ***Managing essencial* é uma versão abreviada de**

Managing, reduzida à sua essência para gestores e qualquer outra pessoa interessada em gestão. Eis um pouco daquela realidade despertadora.

Gestores de níveis "mais altos" têm a visão geral, o "grande quadro"; gestores de nível "mais baixo" lidam com as coisas mais miúdas e imediatas. Então por que Gord Irwin, do Parque Nacional Banff, no Canadá, estava tão preocupado com as consequências ambientais da ampliação de um estacionamento em uma montanha de esqui, enquanto que lá, em Ottawa, Norman Inkster, comandante de toda a Real Polícia Montada Canadense, assistia a trechos do noticiário da noite anterior para naquele dia evitar perguntas constrangedoras ao seu ministro no Parlamento?

E por que Jacques Benz, diretor-geral da GSI, uma empresa de alta tecnologia de Paris, estava presente em uma reunião sobre o projeto de um cliente? Ele era gerente sênior, afinal de contas. Ele não deveria estar em sua sala, desenvolvendo estratégias grandiosas? Paul Gilding, diretor executivo do Greenpeace International, estava tentando fazer exatamente isso, com bastante frustração. Quem estava certo?

Um dos gestores que eu estudei era Alan Whelan, da Computação e Eletrônica Global da BT, no Reino Unido. Como ele era gerente de vendas, talvez se esperasse que ele se reunisse com clientes, ou ao menos trabalhasse com seu pessoal para ajudá-los a vender aos clientes. Nesse dia, Alan estava vendendo, certo, mas para um executivo da sua própria empresa, que relutava em aprovar seu maior contrato. Para usar as palavras convencionais de gestão, Alan estava planejando, organizando, comandando, coordenando ou controlando?

Fabienne Lavoie, enfermeira-chefe do 4 Northwest, uma ala cirúrgica pré e pós-operação de um hospital de Montreal, trabalhava das 7h20min às 18h45min em um ritmo exaustivo. Em certo ponto, no período de pouco minutos, ela falou sobre um curativo com um cirurgião, processou a ficha hospitalar de um paciente, rearranjou seu quadro de agendamentos, falou com alguém na recepção, visitou um paciente que estava com febre, telefonou para cobrir uma falta, discutiu alguns remédios e conversou com o parente de um paciente. Gestão é algo tão frenético assim?

E, por fim, que tal a famosa metáfora do gerente como um regente de orquestra, magnificamente no comando para que toda a equipe unida faça uma bela música? Bramwell Tovey, da Orquestra Sinfônica de Winnipeg, desceu do pódio para falar sobre seu trabalho. "A parte difícil", disse ele, "é o processo de ensaio", não a execução. Isso é de menos importância. E quanto a estar no comando? "Você tem que se subordinar ao compositor", disse ele. Assim, o "regente" da orquestra realmente rege a orquestra, exerce a famosa liderança? "Nós nunca discutimos a 'relação'." Aquela metáfora já era.

Tabela 1 Os 29 gerentes observados*

	Negócios	Governo
Gerência Geral ("Alta")	*John Cleghorn* CEO Royal Bank of Canada *Jacques Benz* Diretor Geral, GSI (Paris) *Carol Haslam* Diretora Administrativa, Hawkshead Ltd. (produtora de cinema, Londres) *Max Mintzberg* Copresidente, The Telephone Booth (Montreal)	*John Tate* Vice-Ministro, Departamento de Justiça Canadense *Norm Inkster* Comissário, Real Polícia Montada do Canadá (RPMC)
Gerência Intermediária ("Média")	*Brian Adams* Diretor, Global Express, Canadair (Bombardier, Montreal) *Alan Whelan* Gerente de Vendas, Setor de Eletrônica e Computação Global, BT (Londres)	*Glen Rivard* Diretor Jurídico, Direito de Família e da Infância e da Juventude, Departamento de Justiça Canadense *Doug Ward* Diretor de Programação, Rádio CBC, Ottawa *Allen Burchill* Oficial de Comando, Divisão "H", RPMC (Halifax) *Sandra Davis* Diretora Geral Regional, Serviço de Parques do Canadá (Calgary) *Charlie Zinkan* Superintendente do Banff National Park (Alberta)
Gerência na Base ("Baixa")		*Gordon Irwin* Front Country Manager, Banff National Park (Alberta) *Ralph Humble* Comandante, Destacamento de New Minas, RPMC (Nova Scotia)

Observação: No texto deste livro, às vezes chamo alguns desses gerentes pelo primeiro nome e outros por seus títulos formais, dependendo do que me pareceu mais natural.

Saúde	Setor Social
Sir Duncan Nichol CEO, National Health Service (NHS – Serviço Nacional de Saúde) da Inglaterra *"Marc"* Diretor-executivo de Hospital (Quebec)	*Paul Gilding* Diretor-executivo, Greenpeace International (Amsterdam) *Dr. Rony Brauman* Presidente, Médécins sans frontiers (Paris) *Catherine Joint-Dieterle* Conservateur en chef, Musée de la mode et de la costume (Paris) *Bramwell Tovey* Maestro, Orquestra Sinfônica de Winnipeg
Peter Coe Gerente Geral Distrital (North Hertfordshire), NHS *Ann Sheen* Diretora de Serviços de Enfermagem, Reading Hospitals, NHS	*Paul Hohnen* Diretor de Exportação da Poluição, Florestas e Unidades Econômicas e Políticas, Greenpeace International (Amsterdam) *Abbas Gullet* Chefe da Subdelegação, Federação Internacional das Sociedades da Cruz Vermelha (N'gara, Tanzânia)
Dr. Michael Thick Cirurgião de Transplantes Hepáticos, St. Mary's Hospital (Londres), NHS *Dr. Stewart Webb* Diretor Clínico (Geriatria), St. Charles Hospital (Londres), NHS *Fabienne Lavoie* Enfermeira Chefe, 4 Northwest, Jewish General Hospital (Montreal)	*Stephen Omollo* Gerente, Acampamentos Benac e Lukole, Federação Internacional das Sociedades da Cruz Vermelha (N'gara, Tanzânia)

Antes de ir adiante, será útil revermos outros três mitos notórios que impedem que se enxergue a gestão como ela realmente é: de algum modo separada da liderança; uma ciência, ou ao menos uma profissão; e que gerentes, como todo o resto, vivem numa época de grande mudança.

CHEGA DE LIDERANÇA – É HORA DE "COMUNITARIEDADE"

Tornou-se moda distinguir líderes de gestores. Um faz as coisas certas, e arca com a mudança; o outro faz certo as coisas, e arca com a complexidade (Bennis 1989; Kotter 1990; Zaleznik 1977). Então me diga, quem eram os líderes e quem eram os gestores nos exemplos recém-mencionados? Alan Whelan estava apenas gerenciando na BT, e Bramwell Tovey estava apenas liderando em cima (e fora) do pódio? Jacques Benz da GSI estava fazendo as coisas certas ou fazendo certo as coisas?

Você gostaria de ser gerenciado por alguém que não lidera? Isso poderia ser desanimador. Bom, então porque você iria quer ser liderado por alguém que não gerencia? Isso poderia ser desengajador: como tais "líderes" vão saber o que está acontecendo? Como Jim March, da Faculdade de Administração de Stanford, colocou: "Liderança envolve tanto encanamento quanto poesia" (in Augier 2004:173).

> *Eu observei John Cleghorn, presidente do conselho do Royal Bank of Canada. Ele criou uma reputação em sua empresa por coisas como ligar para o escritório, enquanto ia ao aeroporto, para informar sobre um caixa eletrônico quebrado. Esse banco possui milhares dessas máquinas. John estava fazendo microgestão? Talvez ele estivesse dando um exemplo para os outros seguirem: fiquem de olhos abertos para esses problemas.*

Para falar a verdade, atualmente temos que nos preocupar mais com "macroliderança": pessoas em cargos sênior que tentam gerenciar por controle remoto, desconectados de tudo que não seja o "grande quadro". Ficou popular falar que somos supergerenciados e subliderados. Eu acredito que **hoje somos superliderados e subgerenciados**. Em vez de distinguir líderes de gestores, devemos ver os gestores *como* líderes, e liderança como gestão bem praticada.

Além disso, liderança se concentra no indivíduo, enquanto que **este livro enxerga a gestão, juntamente com a liderança, naturalmente imbricada no que pode ser chamado de** *comunitariedade*.

GESTÃO COMO PRÁTICA, NÃO COMO PROFISSÃO

Após anos buscando Santos Graais, é hora de reconhecer que gestão não é nem uma ciência, nem uma profissão.

Certamente não é uma ciência

Ciência diz respeito ao desenvolvimento de conhecimento sistemático por meio de pesquisa. Esse está longe de ser o propósito da gestão, que é o de ajudar a alcançar objetivos dentro das organizações.

A gestão certamente *aplica* ciência: os gerentes têm que usar todo o conhecimento que puderem. Mas gestão eficaz depende mais de arte e é especialmente enraizada na experiência. A arte produz "compreensão" e "visão", com base na intuição (em 1954, Peter Drucker escreveu que "os dias do gerente 'intuitivo' estão contados" [p. 93]. Sessenta anos depois, ainda estamos esperando). Já a habilidade prática trata de aprender com a experiência – compreender e resolver as questões à medida que o gerente as enfrenta.

Portanto, como mostrado na Figura 1, a gestão pode ser vista como ocorrendo dentro de um triângulo em que arte, habilidade prática e o uso da ciência se encontram. A arte traz as ideias e a integração; a habilidade prática faz as conexões, trabalhando sobre experiências tangíveis; e a ciência proporciona a ordem, mediante a análise sistemática do conhecimento.

Figura 1 Gestão como arte, habilidade prática e ciência.

Gerentes lidam com as coisas intrincadas: os problemas intratáveis, as conexões complicadas. É isso que faz seu trabalho tão fundamentalmente "subjetivo" (*soft*), e por isso que rótulos como experiência, intuição, julgamento e sabedoria são tão comumente necessários para descrevê-lo. **Reúna uma boa dose de habilidade prática com o toque certo de arte, ao lado de algum uso de ciência, que você acaba com um trabalho que é acima de tudo uma** *prática*, **aprendida por experiência e enraizada no contexto.** Não existe "um jeito melhor" de gerenciar: depende da situação.

Nem tampouco uma profissão

Já foi dito que a engenharia também não é uma ciência ou uma ciência aplicada tanto quanto é uma prática de mérito próprio (Lewin 1979). Porém, a engenharia utiliza uma boa dose de ciência, codificada e comprovada quanto à sua eficácia. Assim, ela pode ser chamada de profissão, significando que pode ser ensinada antes da prática, fora do contexto. Em certo sentido, uma ponte é uma ponte e aço é aço, mesmo que seu uso tenha de ser adaptado às circunstâncias. O mesmo pode ser dito sobre a medicina. Mas não sobre gestão. Pouco da sua prática foi codificado de forma confiável, muito menos comprovado quanto à sua eficácia. É por isso que Linda Hill, em seu estudo sobre novos gerentes, concluiu que eles "tinham que agir como gerentes antes de compreenderem o que era a função" (2003:45).

Desde que Frederick Taylor (1916) chamou seu método de estudo de trabalho de "a melhor maneira" (*the one best way*), vem-se procurando o Cálice Sagrado da gestão em ciência e profissionalismo. Hoje, isso sobrevive nas fórmulas fáceis de boa parte da literatura popular, em textos sobre "planejamento estratégico" e "valor para o acionista". Quase sempre, as respostas fáceis deram errado.

Na engenharia e na medicina, o especialista treinado quase sempre consegue um desempenho melhor que o leigo. Não é assim na gestão. Poucos de nós confiaríamos em um engenheiro ou médico intuitivo, sem instrução formal. Ainda assim, confiamos em todo tipo de gerente que nunca passou um dia numa sala de aula de administração (e desconfiamos de muitos que passaram dois anos em programas de MBA, vide meu livro *MBA? Não, obrigado!* [2004]).

O verdadeiro profissional é mais inteligente do que isso, assim como o verdadeiro cientista. Mas os gerentes que acham que são mais inteligentes do que isso atrapalham sua prática, pois ela deve ser, em grande medida, uma prática de facilitação. O gerente, segundo a definição usada aqui, é responsável por uma organização ou alguma unidade dela. Para usar aquele velho ditado, gerentes fazem as coisas serem feitas, em grande medida, por meio dos outros. Os gerentes têm de saber muito, especialmente sobre seus contextos específicos, e devem tomar decisões com base nesse conhecimento. Porém, especialmente em organizações grandes e naquelas que se ocupam de "trabalho de conhecimento", **o gerente tem** que contribuir para aflorar o melhor dos outros, para que eles saibam melhor, decidam melhor e ajam melhor.

A GESTÃO NÃO ESTÁ MUDANDO

Este livro se alimenta de pesquisas que vão do início do século passado até o nosso novo milênio. Meus próprios 29 dias de observação ocorreram na década de 1990. Os livros de hoje não deveriam fazer essas coisas: eles deveriam ser incrivelmente atualizados.

Vamos tentar o inverso: incrivelmente atualizado pode atrapalhar. Arriscamo-nos a sermos hipnotizados pelo presente e influenciados por histórias que "conhecemos" bem demais. Um pouco de tempo entre nós e os acontecimentos pode ser uma coisa boa.

Assista a alguma palestra sobre gestão. Provavelmente ela começará afirmando que "vivemos em tempos de grande mudança" – um mantra de tantos gerentes. Ao ouvir isso, olhe para as roupas que você está vestindo. Observe os botões e se pergunte por que, se realmente vivemos em tempos de grande mudança, ainda abotoamos botões? Com efeito, como é que você foi à palestra em um carro movido por um motor de combustão interna a quatro tempos? Não é o mesmo do Ford Modelo T, produzido em 1908?

Por que você não se deu conta dos botões ao se vestir pela manhã, ou da tecnologia antiga ao pegar o carro para o trabalho? Contudo, quando você chegou lá, você percebeu, sim, algumas mudanças no sistema operacional do seu computador. **O fato é que só percebemos o que está mudando. E a maioria das coisas não está.** A tecnologia da informação vem mudando; todos percebemos. O mesmo se aplica à economia dos últimos tempos. E a gestão?

"Apesar de todo o modismo da liderança, o que está sendo praticado é a gestão fora de moda, e suas características fundamentais não mudaram" (Hales 2001:54). Gerentes lidam com questões diferentes à medida que o tempo passa, mas não com gestão diferente. Se você duvida disso, alugue um bom filme antigo sobre pessoas administrando um negócio ou uma guerra. Ou então olhe os exemplos dos anos 1990 apresentados no início deste capítulo. Algum lhe parece desatualizado?

Neste livro, eu aproveito muitos anos de pesquisa sobre gestão, com situações de quase meio século atrás. Faço isso simplesmente porque desejo usar os melhores *insights* que temos, e, como você verá, alguns dos mais antigos estão entre os melhores. Gestão é gestão.

Como espero que tenha se tornado evidente neste capítulo de abertura, escrevi este livro não para reforçar a sabedoria convencional, contribuir a toda aquela empolada correção gerencial, mas para abrir perspectivas, para que todos possamos investigar, ponderar e se fazer perguntas sobre gestão. Não quero que você deixe este livro com certezas. Quero que você o deixe, como eu, imaginando, refletindo, questionando. **Um gerente só é bom na medida em que for capaz de arranjar as coisas racionalmente da sua maneira.** Como você verá no Capítulo 5, esse é um trabalho de paradoxos, dilemas e mistérios que não podem ser resolvidos. O único resultado garantido de qualquer fórmula para gerenciar é o fracasso (incluindo desta, é claro).

Então lá vamos nós, para os deleites, deveres e dificuldades da antiga e contemporânea prática da gestão.

CAPÍTULO 2
GERENCIANDO INCESSANTEMENTE

As pressões do trabalho gerencial

Dê uma olhada nas imagens populares de gestão – o maestro no púlpito, os executivos em escrivaninhas nos cartuns da *New Yorker* – e você tem a mesma impressão do trabalho: bem-ordenado, cuidadosamente controlado. Observe alguns gerentes trabalhando e você descobre algo bem diferente: ritmo frenético, um monte de interrupções, mais reação do que iniciativa.

Este capítulo descreve essas e outras características dinâmicas da gestão: como os gerentes trabalham, com quem, a que ritmo e assim por diante. Muito dessa evidência vem de estudos anteriores, mas a pesquisa mais recente sugere que ela está completamente atualizada (por exemplo, Hales 2001 e Tengblad 2006).

Descrevi essas dinâmicas pela primeira vez em meu livro de 1973. Nenhuma delas surpreende qualquer pessoa que já passou um dia em um escritório de um gerente, fazendo o trabalho ou observando-o. Ainda assim, elas abalaram muitas pessoas – especialmente gerentes –, talvez porque questionaram alguns dos nossos mitos mais acalentados sobre a função. Seguidamente, quando apresentava essas conclusões a grupos de gerentes, a reação comum era: "Você faz eu me sentir tão bem! Eu achava que todos os outros gerentes estavam planejando, organizando, coordenando e controlando, eu estava constantemente sendo interrompido, pulando de uma questão para outra e tentando controlar o caos".

SABENDO – E SABENDO

Por que os gerentes reagiram dessa forma ao que já sabiam? Minha explicação é que, como seres humanos, nós "sabemos" de duas formas diferentes. Algumas coisas nós sabemos conscientemente, explicitamente; podemos verbalizá-las, muitas vezes porque ouvimos ou lemos frequentemente sobre elas. Outras coisas nós sabemos visceralmente, tacitamente, com base em nossa experiência.

Nós claramente funcionamos melhor quando esses dois tipos de conhecimento reforçam um ao outro. Na gestão, eles muitas vezes contradizem um ao outro, exigindo que os gerentes vivam um conjunto de mitos – o folclore do planejamento, da organização e tal, em comparação com os fatos da vida diária. Assim, **se desejarmos avançar na melhoria da prática da gestão, precisamos alinhar a imagem aparente à realidade implícita.** Essa é a intenção deste capítulo, que descreve o ritmo incessante da gestão; brevidade, variedade, descontinuidade de suas atividades; orientação à ação; favorecimento de formas informais e orais de comunicação; natureza lateral da gestão (com colegas e parceiros); controle nesse trabalho como implícito, mais do que explícito.

Folclore: O gerente é um planejador reflexivo e sistemático.

Temos essa imagem comum do gerente, especialmente em cargos de direção, sentado a uma mesa, tendo pensamentos grandiosos, tomando grandes decisões e, acima de tudo, planejando sistematicamente o futuro. Existe bastante evidência sobre isso, mas nada que corrobore essa imagem.

Fato: Inúmeros estudos demonstram que:
(a) os gerentes trabalham em um ritmo incessante;
(b) suas atividades são caracterizadas por brevidade, variedade e fragmentação; e
(c) eles são fortemente orientados à ação.

O ritmo

Os relatos sobre o ritmo frenético do trabalho gerencial são consistentes, desde o supervisor com uma atividade a cada 48 segundos (Guest 1955–1956:478), gerentes médios que conseguem trabalhar meia hora sem interrupção por uma vez a cada dois dias (Stewart 1867), a diretores executivos com metade de suas atividades durando menos de nove minutos (Mintzberg 1973:33). "Mais de quarenta estudos sobre o trabalho gerencial, desde os anos 1950, mostraram que 'executivos meio que correm de um lado para outro todo o tempo'" (McCall, Lombardo e Morrison 1988:55).

Em meu primeiro estudo, observei que o ritmo de trabalho dos diretores executivos que estudei era incessante. Eles se deparavam com um fluxo constante de ligações e correspondência, desde sua chegada pela manhã até sua saída à noite. Intervalos para café e almoços eram inevitavelmente relacionados a trabalho, e pessoas sempre presentes de suas organizações estavam prontas para usurpar cada momento livre. Como um deles me disse, **o trabalho de gerenciar é "um pepino depois do outro"**.

A quantidade de serviço a ser feito (ou ao menos que os gerentes escolhem fazer durante o dia) é considerável. Depois de horas, os altos gerentes parecem não conseguir escapar nem de uma situação que reconhece o poder de seu cargo, nem de suas próprias predisposições a se preocupar com problemas atuais.

Uma razão para isso deve ser a natureza inerentemente aberta do trabalho. O gerente é responsável pelo sucesso da unidade, mas não há marcos tangíveis em que ele possa parar e dizer: "Agora meu trabalho acabou". O engenheiro conclui o projeto de uma ponte em um dia específico; o advogado ganha ou perde uma causa em algum momento no tempo. O gerente, por sua vez, precisa sempre prosseguir, nunca estando seguro se o sucesso está realmente garantido. Como resultado, **gerenciar é um trabalho com uma preocupação perpétua: o gerente** nunca está livre para esquecer o trabalho, nunca tem o prazer de saber, mesmo temporariamente, que nada mais há para fazer.

Variedade e interrupção

A maior parte do trabalho na sociedade envolve especialização e concentração. Engenheiros e programadores às vezes passam meses projetando uma máquina ou desenvolvendo um *software*; vendedores podem dedicar toda sua vida profissional à venda de uma única linha de produtos. Gerentes não devem esperar tal concentração de esforços.

A busca por regularidade no trabalho gerencial – durante o dia, ao longo da semana, no ano – não achou muita coisa, afora alguns ciclos orçamentários e coisas parecidas. Como Lee Iacocca comentou sobre seu trabalho de CEO de alta visibilidade: "Em alguns dias na Chrysler, eu não teria levantado da cama se soubesse o que estava por vir" (Iacocca, Taylor e Bellis 1988). Uma conclusão surpreendente do meu próprio estudo inicial é que poucas reuniões de diretores executivos e outros contatos eram realizados segundo uma programação regular. Em média, 13 entre 14 eram *ad hoc*.

O que encontramos é uma grande dose de fragmentação nesse trabalho, e, além disso, muita interrupção. Alguém liga para comunicar um incêndio em um prédio; alguns *e-mails* são olhados; um assistente entra para informar sobre uma reclamação de um grupo de consumidores; então, um funcionário que está se aposentando é chamado para ser presenteado com uma placa; depois disso, mais *e-mails*; em seguida, parte-se para uma reunião sobre uma proposta para um contrato grande. E assim vai. O mais surpreendente é que **as atividades significativas parecem estar entremeadas com as mundanas, sem um padrão específico: logo, o gerente precisa estar preparado para alterar seu humor rápido e frequentemente.**

O economista sueco Sune Carlson (1951) realizou um dos primeiros estudos empíricos sobre o trabalho gerencial de diretores executivos. Ele questionava por que eles não se livravam das interrupções utilizando melhor suas secretárias e dispondo-se mais a delegar trabalho. Mas ele deixava um questionamento importante em aberto: brevidade, variedade e fragmentação são impostas aos gerentes, ou eles é que escolhem esse padrão para seu trabalho? Minha resposta é sim – para os dois, especialmente o segundo.

Os cinco diretores executivos do meu estudo inicial pareciam estar adequadamente protegidos por suas secretárias, e não havia razão para acreditar que eles não delegavam o suficiente. Em vez disso, eles às vezes preferiam interrupções e se negavam a ter tempo livre. Por exemplo, eram eles, e não os outros, que encerravam muitas de suas reuniões e telefonemas, e eles mesmos muitas vezes interrompiam o silencioso trabalho de escritório para fazer telefonemas ou pedir que pessoas fossem até eles. Um diretor executivo posicionou sua mesa de forma que pudesse enxergar todo um longo corredor. A porta geralmente estava aberta, e membros da sua equipe estavam sempre entrando em sua sala.

Por que essa preferência por interrupção? **Em certa medida, os gerentes toleram interrupções porque não desejam desencorajar o fluxo de informação atual.** Além do mais, muitos se acostumam com variedade em seu trabalho, de forma que o tédio surge facilmente.

Mais especificamente, contudo, **os gerentes parecem se tornar condicionados por sua carga de trabalho: eles desenvolvem uma percepção sensível do custo de oportunidade de seu próprio tempo – os benefícios perdidos por fazer uma coisa em vez de outra.** Eles também são extremamente conscientes da permanente abundância de obrigações associadas a seu trabalho – a correspondência que não pode ser postergada, as ligações que precisam ser recebidas, as reuniões que exigem sua participação. Gerenciar, escreveu Leonard Sayles, professor da Columbia University que estudou gerentes médios norte-americanos, é como "'cuidar da casa', (...) onde as torneiras quase sempre estão pingando e o pó reaparece assim que é tirado" (1979:13).

Em outras palavras, **não importa o que estejam fazendo, os gerentes são assolados pelo que eles poderiam fazer e pelo que eles precisam fazer.** Como disse o presidente da federação britânica de futebol, quando os torcedores fizeram arruaça no continente europeu: "Neste emprego, você tem que estar sempre preocupado!". Assim, os gestores se sobrecarregam de trabalho, fazem as coisas abruptamente, evitam perder tempo. Logo, **ser superficial é um risco ocupacional do trabalho gerencial. Para ter sucesso, os gerentes têm de se tornar proficientes em sua superficialidade.**

Diz-se que um especialista é alguém que sabe cada vez mais sobre cada vez menos, até que, no fim, sabe tudo sobre nada. O problema do gerente é o oposto: saber cada vez menos sobre cada vez mais, até que, no fim, sabe nada sobre tudo. Voltaremos a essa "síndrome da superficialidade", assim como aos impasses relacionados, no Capítulo 5.

A ação

Gerentes gostam de ação: atividades que movimentam, mudam, fluem, são concretas, atuais, fora da rotina. Não espere que a maioria dos gerentes passe muito tempo debatendo questões abstratas no trabalho: eles preferem se concentrar no concreto. E não espere encontrar muito planejamento geral nesse trabalho, ou trajetórias em aberto; em vez disso, verá esquadrinhamento concreto de questões específicas. Mesmo quando se trata de agenda: "Nunca se deve pedir que um executivo ocupado prometa fazer algo, por exemplo, 'semana que vem', ou mesmo 'sexta que vem'. Solicitações assim vagas não entram [na] agenda de compromissos. Não, deve-se informar uma hora específica, digamos, sexta-feira às

16h15min, aí então ela será registrada e, no devido momento, cumprida" (Carlson 1951:71).

Gerentes preferem informações atuais, geralmente dando-lhes prioridade máxima: interrompendo reuniões, rearranjando agendas e provocando montes de atividade. É claro, informações atuais podem ser menos confiáveis do que aquelas que tiveram a oportunidade de assentar, ser analisadas e comparadas a outras informações. Mas os gerentes geralmente estão dispostos a pagar esse preço a fim de ter informações atuais.

Se os gerentes são tão voltados à ação, como eles planejam? Leonard Sayles ofereceu uma resposta interessante:

> Nós (...) preferimos não considerar planejamento e tomada de decisão como atividades separadas e distintas com as quais o gerente se envolve. Elas estão inextricavelmente ligadas à urdidura do padrão de interação. (...) O Secretário de Estado [John Foster] Dulles disse a Dean Acheson, seu predecessor, que "não ia trabalhar como eu tinha trabalhado, mas se livraria do envolvimento com o que ele chamava de problemas administrativos e de pessoal, a fim de ter mais tempo para pensar. (...) Acheson concluiu: "Essa absorção com o executivo, como o 'Homem Pensante' de Emerson, cercado por um armário de estátuas de Rodin, (...) me parecia antinatural. Pensar certamente não é tão difícil, tão duro de conseguir, tão solene assim". (1964:208–209)

Assim, o verdadeiro planejamento das organizações ocorre significativamente na cabeça dos gerentes e implicitamente no contexto de suas ações diárias, e não em um processo abstrato reservado para um retiro na montanha ou em um monte de formulários a preencher. Concluindo, **as pressões do ambiente não estimulam o desenvolvimento de planejadores reflexivos, apesar do que diz a literatura sobre o assunto. Esse trabalho cria manipuladores de informação adaptativos, que preferem a situação viva e concreta.**

Folclore: O gerente depende de informação formal.

Atendo-se à imagem clássica, em seu pedestal hierárquico os gerentes deveriam receber informações importantes a partir de alguma espécie de sistema abrangente de gestão de informação. Mas isso nunca mostrou ser verdadeiro, nem antes dos computadores, nem depois deles, e nem mesmo na era da Internet.

Fato: Gerentes tendem a favorecer comunicação informal, especialmente telefonemas e reuniões, assim como *e-mails*.

Considere duas conclusões surpreendentes de estudos antigos do trabalho gerencial, sendo o primeiro o estudo de Carlson sobre os diretores-gerentes suecos:

A única queixa ouvida de alguns dos diretores executivos [sobre o sistema de relatórios internos que eles recebiam] era que o número ou tamanho dos relatórios tinha uma tendência a crescer cada vez mais, e que tinha se tornado impossível ler todos.... Esses relatórios (...) formam uma parte daquele lastro de papel na mesa do executivo ou em sua pasta que é a causa de tanta agonia mental (Carlson 1951:89).

Esse estudo foi feito justo quando o primeiro computador estava sendo inventado. Pense em todos os relatórios de hoje! Em segundo lugar, este comentário de um estudo sobre os próprios gerentes de sistemas de informação:

Esses gerentes raramente consultavam sistemas de informações computadorizados. (...) Como na casa do ferreiro, os gerentes de sistemas de informação parecem estar entre os últimos que são beneficiados diretamente pela tecnologia que eles proporcionam (Ives e Olson 1981:57).

Comunicação subjetiva

Meu estudo inicial e outros concluíram que a gestão é entre 60% e 90% oral. Um CEO viu o primeiro exemplar de correspondência objetiva (*hard*) que recebeu em toda a semana – um relatório de custos padrão – e o pôs de lado com um comentário: "Eu nunca olho isso". Outro CEO comentou: "Eu não gosto de escrever memorandos, como você provavelmente percebeu. Prefiro muito mais o contato cara a cara".

Diferentemente de outros trabalhadores, **o gerente não deixa o telefone, a reunião ou o *e-mail* para voltar ao trabalho. Esses contatos *são* o trabalho**. O resultado produtivo do gerente deve ser aferido, em grande medida, em termos das informações que ele transmite oralmente ou por *e-mail*. Como colocou Jeanne Ledtka, da Darden School: **"A conversa é a tecnologia da liderança"**.

Como isso sugere e segundo o que concluí em minha pesquisa, gerentes valorizam informação subjetiva (*soft*). **Fofoca, boca a boca e especulação formam uma boa parte da dieta de informações do gerente.** O motivo parece ser sua agilidade: a fofoca de hoje pode ser o fato de amanhã. O gerente que não é acessível a uma mensagem avisando que o maior cliente da empresa foi visto jogando golfe com seu principal concorrente acabar lendo sobre uma queda drástica na demonstração de lucros do ano seguinte. Mas aí pode ser tarde demais. Para citar um gerente: "Eu estaria em apuros se os relatórios contábeis contivessem informações que eu já não tinha" (in Brunsson 2007:17).

Considere estas palavras de Richard Neustadt, que estudou os hábitos de coleta de informação dos presidentes Roosevelt, Truman e Eisenhower:

Não é a informação de tipo geral que ajuda um presidente a enxergar o que é realmente importante; não são os resumos, as pesquisas, não são os amálgamas insossos. Em vez disso, (...) são as miudezas desencontradas de detalhe tangível que, encaixadas em sua mente, iluminam o lado não aparente das questões postas diante dele. Para se ajudar, ele precisa buscar ao máximo todo fragmento de fato, opinião e fofoca que diga respeito a seus interesses e relações como presidente. Ele precisa se tornar o próprio diretor da sua própria inteligência central (1960:153–154).

A informação formal é firme, definitiva, no limite, objetiva. Mas a informação informal pode ser muito mais rica, apesar de menos confiável. No telefone, há um tom de voz e a oportunidade de interagir. Em reuniões, há também expressões faciais, gestos e muita linguagem corporal. Nunca subestime o poder disso. O *e-mail* não oferece essas vantagens, embora seja muita mais rápido que a correspondência convencional, sendo assim um pouco mais interativo.

Acesso pessoal ao gerente

Em nosso programa de mestrado para gerentes praticantes* (http://www.impm.org/), os participantes formam pares e passam a maior parte da semana fazendo "intercâmbios gerenciais" um no local de trabalho do outro. Com frequência, os gerentes que tinham ido a um país cuja língua não falavam relataram sobre a riqueza do seu aprendizado: eles tinham que se concentrar em outros aspectos da comunicação. Isso levanta uma questão importante: as pessoas que trabalham em proximidade com seu gerente, em vista do fácil acesso, conseguem se comunicar com mais eficácia e, assim, estar mais bem informadas do que os outros mais distantes, além de serem facilmente favorecidas. **Podemos falar o que quisermos sobre o mundo globalizado, mas a maioria das organizações – mesmo as empresas mais internacionais – tende a continuar bastante centrada em sua matriz.**

É claro, os gerentes sempre podem viajar para encontrar outros gerentes e descobrir pessoalmente o que está ocorrendo. Mas isso toma tempo, especialmente em comparação com um *e-mail*. Logo, o perigo é ficar em casa e se ater apenas à comunicação eletrônica.

Os verdadeiros bancos de dados da organização

Duas outras questões devem ser observadas aqui também. Primeiro, os tipos de informação que os gerentes preferem costumam ser armazenados em cérebros humanos. Informações só podem ser armazenadas em computadores depois de escritas. Mas isso toma tempo, e gerentes, como observado, são pessoas ocupadas. Mesmo em *e-mails*, a resposta rápida é preferida em detrimento da extensa. Como consequência, **os bancos de dados estratégicos das organizações ficam, no mínimo, tanto nas cabeças de seus gestores quanto nos arquivos dos seus computadores.**

---

* N. de R.T.: Pode parecer redundante, mas Mintzberg prefere deixar bem claro que no seu MBA a experiência prática é fundamental.

Isso traz a segunda questão, a de que a natureza dessa informação desestimula a delegação de tarefas. Os gerentes não podem entregar um dossiê a alguém: eles precisam do tempo para "desovar memória" – dizer a uma pessoa o que eles sabem sobre o tema. Mas isso pode demorar tanto que talvez seja mais fácil simplesmente realizar a tarefa eles mesmos. Assim, os gerentes podem ser condenados por seu próprio sistema de informação a um "dilema da delegação": fazer coisas demais sozinhos, ou então delegar aos outros sem dar as instruções adequadas. Voltaremos a esse impasse no Capítulo 5.

Folclore: Gestão diz respeito, basicamente, a relações hierárquicas entre "superiores" e "subordinados"

Ninguém realmente acredita nessa afirmação, é claro: todos sabemos que muito da gestão acontece fora e por meio das hierarquias. Mas só o fato de utilizarmos os horríveis rótulos de "superior" e "subordinado" já diz alguma coisa, assim como nossa obsessão com liderança e o uso onipresente da expressão "alta gerência", sem falar nos rígidos organogramas.

Fato: Gestão diz respeito tanto a relações laterais entre colegas e parceiros quanto a relações hierárquicas.

A literatura sobre gestão por muito tempo menosprezou a importâncias das relações laterais no trabalho gerencial, e continua fazendo isso. Os estudos, porém, demonstram que os gerentes geralmente passam grande parte do seu tempo – muitas vezes quase a metade, ou mais – com uma grande variedade de pessoas externas às suas próprias unidades: clientes, fornecedores, parceiros e outros *stakeholders*, assim como com colegas da própria organização com os quais eles não têm relação direta.

Os CEOs desenvolvem amplas redes de informantes, que enviam vários relatórios e lhes contam sobre os últimos eventos e oportunidades. Além disso, eles mantêm contato com diversos especialistas (consultores, advogados, corretores etc.) para obter orientação adequada. Também, as pessoas de entidades setoriais os mantêm atualizados sobre eventos da sua indústria.

> *Eu estudei Brian Adams, gerente de programa de uma nova aeronave na Bombardier, e descrevi seu trabalho como gestão lateral com toda a força*. Ele tinha uma responsabilidade enorme, mas não muita autoridade formal sobre muitas das pessoas com quem ele tinha que trabalhar nas organizações "parceiras" (terceirizados, responsáveis por peças da aeronave). Da mesma forma, Charlie Zinkan, que dirigia o Parque Nacional Banff, ficava entre todo tipo de interesses – desenvolvedores, ambientalistas e assim por diante – aos quais tinha que responder, muitas vezes com o máximo de delicadeza possível.*

---

* N. de R.T.: No original, *lateral management with a vengeance*.

Assim, podemos caracterizar a posição do gerente como o gargalo de uma ampulheta, situado entre uma rede de contatos externos e a unidade interna a ser gerenciada. O gerente recebe todo tipo de informações e solicitações de pessoas de dentro (*insiders*) e de fora, que são examinadas, absorvidas e repassadas a outros, novamente de dentro e de fora da unidade.

Folclore: Gerentes mantêm controle rigoroso – sobre seu tempo, suas atividades, suas unidades.

O maestro da orquestra, de pé no púlpito, agitando a batuta, é, como foi observado, uma metáfora popular da gestão. Eis como o primeiro dos gurus da gestão, Peter Drucker, o colocou em seu livro clássico, *Prática da administração de empresas*:

> Uma analogia [para o gerente] é a do regente de uma orquestra sinfônica, cujos esforços, visão e lideranças fazem com que partes instrumentais individuais, apenas barulho quando sozinhas, se tornem uma música viva e completa. Mas o maestro possui a partitura do compositor: ele é apenas um intérprete. O gerente é compositor e maestro ao mesmo tempo (p. 341–342).

Sune Carlson, que estudou a rotina de trabalho de nove diretores suecos, sugeriu uma metáfora diferente para descrevê-los:

> Antes de realizarmos o estudo, sempre pensei no executivo-chefe como o maestro de uma orquestra, sozinho e distante em seu pedestal. Agora, em certo sentido, penso nele como a marionete em um teatrinho, com centenas de pessoas puxando as cordinhas e forçando-o a agir dessa ou daquela maneira (1951:52).

E então veio Leonard Sayles, que estudou a gerência média nos Estados Unidos:

> O gerente é como o maestro de uma orquestra sinfônica, batalhando para manter uma apresentação melodiosa na qual as contribuições dos diversos instrumentos são coordenados e sequenciados, padronizados e ritmados, enquanto os membros da orquestra estão tendo diversas dificuldades pessoais, os ajudantes estão transportando estantes de música, a variação entre calor demais e frio demais estão criando problemas na plateia e nos instrumentos e o patrocinador do concerto está insistindo em mudanças irracionais ao programa (1964:162).

A qual citação você se inclina? Gerentes quase sempre escolhem a terceira.

Fato: O gerente não é nem um maestro, nem uma marionete: o controle nesse trabalho tende a, na medida do possível, ser mais explícito do que implícito, estabelecendo obrigações pelas quais ele deve responder mais tarde, de forma a funcionar em seu próprio benefício.

Se o trabalho gerencial é como regência orquestral, então não é a imagem grandiosa da apresentação, onde tudo foi bem ensaiado e todos estão no seu melhor comportamento, incluindo o público. É o ensaio, em que todo tipo de coisa pode dar errado, devendo ser rapidamente corrigido.

A verdade, contudo, é que gerentes eficazes não parecem ser nem maestros nem marionetes: eles exercem controle, apesar das limitações, utilizando dois graus de liberdade, especificamente. Eles tomam um conjunto de decisões iniciais que definem muitos de seus compromissos subsequentes (por exemplo, iniciar um projeto que, assim que está em andamento, exige tempo). E eles adaptam para seus próprios fins atividades das quais precisam participar (por exemplo, usando uma ocasião protocolar para fazer *lobby* para sua organização).

Em outras palavras, **gerentes de sucesso criam algumas das suas obrigações e tiram vantagem de outras. Seu sucesso não vem necessariamente de ter mais liberdade, mas de tirar proveito da liberdade que encontram.** Posto de outra forma, todos os gerentes parecem ser marionetes: alguns decidem quem puxará os cordões, e como, enquanto que outros são assoberbados por esse trabalho exigente.

O IMPACTO DA INTERNET

Houve uma mudança evidente nos últimos tempos, com grande efeito sobre todas essas características da gestão: a Internet, especialmente o *e-mail*, um meio de comunicação que aumentou drasticamente a velocidade e o volume da transmissão de informação. Seu impacto sobre a gestão foi igualmente drástico?

A julgar por todos os *e-mails* circulando por aí e pela onipresença dos dispositivos móveis, parece que sim. Mas a questão é se isso mudou a gestão fundamentalmente. Os estudos são poucos, mas a resposta parece ser sim e não.

Não, porque a Internet talvez esteja principalmente reforçando as próprias características que há muito prevalecem no trabalho gerencial, como discutido neste capítulo. E sim, porque isso pode estar fazendo uma parte da prática da gestão passar dos limites.

Gerentes mais bem-informados, que conseguem se comunicar mais rapidamente, podem desenvolver organizações mais ágeis e competitivas. Mas alguns gerentes podem ser levados a agir menos racionalmente, conformando-se mais e considerando menos.

O meio e sua mensagem

É importante observar, para início de conversa, que esse novo meio continua sendo frágil. **Como a correspondência convencional, o *e-mail* é limitado já pela pobreza das palavras.** Não há tom de voz para ouvir, gestor para ver, presença para sentir. (Por acaso ":)" ou "rsrs" são suficientes para você?) Gestão envolve todas essas coisas tanto quanto o conteúdo factual das mensagens.

Apesar de dar a impressão de se estar "em contato", a única coisa com que realmente se tem contato é o teclado. Isso pode agravar um velho problema da gestão: deixar que uma tecnologia nova e onipresente dê a ilusão de controle.

Ao telefone, as pessoas podem interromper, grunhir, discutir, realmente "rir alto"; em reuniões, podem balançar a cabeça em concordância ou ao cair no sono de tédio. Gerentes eficazes pegam essas deixas. Com o *e-mail*, você não sabe de verdade como alguém reagiu até que a resposta venha, e mesmo assim você não tem como saber se as palavras foram escolhidas cuidadosamente ou enviadas na pressa.

Marshall McLuhan (1962) escreveu sobre a famosa "aldeia global" criada pelas novas tecnologias da informação. Mas que tipo de aldeia é essa?

Na aldeia tradicional, você bate papo com seus vizinhos no mercado: esse é o coração da comunidade. Na aldeia global, você clica para mandar uma mensagem a alguém do outro lado do planeta, a quem você talvez nunca tenha visto. Como os fantasiosos casos de amor pela Internet, essas relações podem ficar intocadas e intocáveis.

Organizações são comunidades, dependendo da solidez de suas relações. Confiança e respeito são absolutamente cruciais. Assim, temos que ter bastante cuidado com essa aldeia global, não confundindo suas redes com comunidades. **A Internet pode estar fortalecendo redes ao mesmo tempo em que enfraquece comunidades, dentro das organizações e entre elas.**

Efeitos do *e-mail* sobre a gestão

Uma coisa é certa: o *e-mail* aumenta o ritmo e as pressões da gestão, e provavelmente as interrupções também. Um *laptop* na mesa é uma coisa; um iPhone no bolso, outra bem diferente: o guia para a aldeia global. Quanto à orientação à ação, a ironia é que o *e-mail*, tecnicamente apartado da ação, fortalece a orientação à ação da gestão: faça rápido, responda AGORA!

O *e-mail* ajuda a ampliar os contatos do gestor: todos ficam facilmente dentro de alcance. Mas isso pode acontecer às custas de uma comunicação mais profunda, digamos, com os colegas de corredor. **Toda essa rede global vem às custas da conversa local?**

Como a maioria das tecnologias, a Internet pode ser usada para o bem ou para o mal. Você pode ser hipnotizado por ela, deixando que ela o gerencie. Ou você pode compreender seus poderes, assim como seus perigos e, assim, gerenciá-la. Escrevi esta seção do livro para estimular esta última, isto é, para desencorajar pretensos regentes de se tornarem marionetes.

A conclusão obtida em um trabalho que fiz com nosso diretor, um especialista em TI (Mintzberg e Todd 2012), é que **a Internet não está mudando fundamentalmente a prática da gestão; em vez disso, está reforçando características que vemos há décadas.** Mas o diabo pode estar no detalhe. **A Internet pode estar levando muito da prática da gestão além dos limites, tornando-a tão frenética que ela se torna disfuncional: superficial demais, desconectada demais, conformista demais.**

CAOS NORMALMENTE CALCULADO

Para concluir, este capítulo apresentou as características da gestão, como eram antes e permanecem hoje. Elas sugerem má gestão? De forma nenhuma. Elas sugerem gestão normal. Mas são aceitáveis somente dentro de limites. Excedam-se elas, e a prática da gestão pode se tornar disfuncional. Todos nós conhecemos gerentes frenéticos que se perderam. O que parecia normal em um dia se tornou perigoso no outro.

Gestão, mesmo gestão normal, não é um trabalho fácil. Um comentário do *New York Times* sobre meu estudo original (Andrews 1976) usou duas expressões que captaram bem a natureza disso: "caos calculado" e "desordem controlada". Elas falam da nuance que a gestão eficaz requer, em comparação com o "caos confuso" dos "gestores ingênuos" (Sayles 1979:19). Com isso em mente, voltemo-nos ao conteúdo da gestão – o que os gerentes de fato fazem –, retornando a como eles podem lidar com essas pressões no Capítulo 5.

CAPÍTULO 3

GERENCIANDO INFORMAÇÕES, PESSOAS E AÇÃO

Um modelo de gestão

Começamos esta discussão sobre o que os gerentes realmente pensam dos gurus da gestão, que em sua maioria enxergam o trabalho de forma separada e não como um todo integrado. Este capítulo propõe um modelo de gestão que posiciona as partes no todo, retratando a **gestão como ocorrendo em três planos: o da informação, o das pessoas e o da ação.** Uma seção final descreve o trabalho completo da gestão.

GERENCIANDO, UM PAPEL DE CADA VEZ

Se você deseja se tornar um daqueles "gurus" da gestão, concentre-se em um aspecto do trabalho, excluindo todos os demais. Henri Fayol encarava gestão como controle, enquanto Tom Peters a via como ação ("'Não pense: faça' é a expressão que eu prefiro" [1990]). Em Wall Street, é claro, os gerentes "tratam de negócios". Michael Porter, por sua vez, identificou gestão com pensamento, mais especificamente com análise ("Dou preferência a um conjunto de técnicas analíticas para desenvolver estratégia", escreveu ele em *The Economist* [1987:2]). Outros, como Warren Bennis, criaram sua reputação entre os gerentes descrevendo seu trabalho como liderança, enquanto que Herbert Simon criou a sua entre os acadêmicos descrevendo-o como tomada de decisão (a *Harvard Business Review* corroborava, estampando "A revista dos tomadores de decisão" em sua capa por anos).

Todos estão errados porque todos estão certos. Gestão não é uma dessas coisas, mas todas elas: é controlar, e fazer, e tratar, e pensar, e liderar, e decidir e mais, não somados, mas mesclados. Tire um deles, e você não terá todo o trabalho completo de gerenciar. Concentrando-se em um só aspecto do trabalho em prol dos demais, cada um desses gurus estreitou nossa percepção sobre gestão, em vez de ampliá-la.

Vá além dos gurus, leia o material menos popular dos acadêmicos e encontrará uma espécie de reconhecimento desse problema: eles oferecem listas de papéis gerenciais. A boa notícia é que elas são mais abrangentes; a má notícia é que elas desmontam o trabalho sem montá-lo de volta. Assim, a gestão parece Humpty Dumpty*, quebrado em pedaços no chão.

Faz alguns anos, eu me dispus a unir todas essas peças em um modelo coeso. A ideia era colocar tudo em um diagrama, para que o leitor pudesse levar em consideração todos os aspectos da gestão juntos – de forma abrangente. O resultado é mostrado na Figura 2 (se parece um ovo, pense que é Humpty Dumpty montado de novo). Da primeira vez que mostrei esse diagrama a um gerente – um amigo que trabalha em uma produtora de cinema e que jantava comigo –,

---

* N. de T.: Personagem de uma cantiga infantil (*nursery rhyme*) tradicional inglesa, cuja letra fala sobre um suposto ovo antropomórfico que, caindo de um muro, estatela-se em pedaços que ninguém consegue unir de volta.

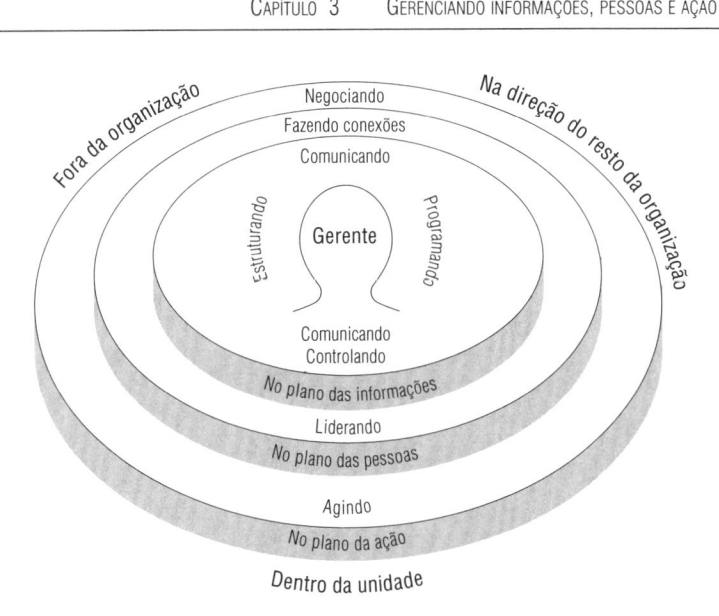

Figura 2 **Um modelo de gestão.**

ele imediatamente apontou onde via os pontos fortes e fracos dos gerentes com quem trabalhava. Outro gerente, da Organização Mundial da Saúde, escreveu dizendo: "Imediatamente consegui ver os papéis que costumo evitar ou que não desempenho muito bem. Nesse sentido, [o modelo] me desafiou mais".

UMA VISÃO GERAL DO MODELO

O modelo mostra o gerente entre a unidade que ele gerencia (o interior) e o mundo exterior: o resto da organização (salvo se o gerente é o diretor executivo de toda a organização), assim como o que está em volta dela (clientes, autoridades comerciais, etc.).

O propósito preponderante da gestão é verificar que a unidade sirva a *seu* propósito básico, seja ele a venda de produtos em uma rede de varejo ou o cuidado com idosos em um lar. Isso demanda que se executem *ações*, o que às vezes os gerentes fazem eles mesmos. O mais comum, no entanto, é que eles estejam um ou dois passos atrás da ação. Um passo atrás, eles estimulam outras *pessoas* a executar ações – por meio de *coaching*, motivação, criação de equipes, fortalecimento de cultura e assim por diante. Dois passos atrás, eles usam *informação* para guiar outras pessoas a executar ações: impondo uma meta para uma equipe de vendas, dividindo informações sobre um cliente e assim por diante.

No dia em que foi observada, Carol Haslam, da Hawkshead Films, era vista trabalhando nos três planos. No plano da ação, ela se envolvia profundamente com o desenvolvimento de projetos de novos filmes – ela fechou negócios a rodo. No plano das pessoas, ela mantinha sua vasta rede de contatos, usada para promover esses projetos, assim como criava equipes de cineastas para executá-los. E, no plano da informação, ela passava o dia inteiro reunindo e disseminando ideias, dados, orientações e outras informações.

São exibidos dois papéis em cada plano. No plano da informação, os gerentes *comunicam* (por toda parte) e *controlam* (internamente). No plano das pessoas, eles *lideram* (internamente) e *ligam* (com o exterior). No plano da ação, eles *fazem* (internamente) e *tratam* (externamente). Também vemos que os gerentes *fixam* (concebem estratégias, estabelecem prioridades, etc.) e *programam* (seu próprio tempo). Cada aspecto do modelo é discutido individualmente antes da discussão de todos juntos.

ESTRUTURANDO E PROGRAMANDO

A estruturação define como um gerente identifica um objetivo, concentrando-se em questões e desenvolvendo estratégias. **A estruturação estabelece o contexto para todos os demais que trabalham na unidade.** Alain Noël (1989) chamou isso de *preocupações* dos gerentes, em comparação com suas *ocupações* (o que eles de fato fazem), o que por vezes pode se resumir a uma única "magnífica obsessão".

Brian Adams, gerente de programa da aeronave Global Express, da Bombardier, tinha uma magnífica obsessão, imposta pela alta gerência: "colocar no ar" até junho. "Aí, veremos", comentava ele. Em contraste, John Cleghorn, CEO do Royal Bank of Canada, tinha uma variedade de preocupações como presidente do conselho, relativas ao aprimoramento e sucesso da empresa.

Programação é algo de importância central para todos os gerentes: sua agenda inevitavelmente recebe muita atenção. Mais de meio século atrás, Sune Carlson observou como os gestores "se tornam escravos de suas agendas de compromissos – eles ficam com uma espécie de 'complexo de diário'" (1951:71). **A programação dá vida à estruturação, determinando o que o gerente busca fazer e como usar os graus de liberdade que ele tem a fim de fazê-lo.**

Além disso, a programação do gestor pode ser de enorme influência sobre todos os outros da unidade: **o que quer que entre na agenda do gestor é visto como um sinal do que importa na unidade.** Com efeito, quando gestores fazem programação, eles muitas vezes estão alocando não apenas seu próprio tempo, mas também o das pessoas que se reportam a eles.

Programar, no fundo, é o que Peters e Waterman (1983) chamaram de "desmembrar": fatiar questões gerenciais em tarefas distintas, a serem executadas em janelas de tempo específicas. O problema, é claro (que discutiremos no Capítulo 5), é como reunir de volta o que foi desmontado. E é aqui que a fixação entra: se for clara, ela pode funcionar como um ímã para juntar os diferentes membros em um todo coerente.

GESTÃO PELA INFORMAÇÃO

Gerenciar com informação significa ficar dois passos distante do propósito último da gestão: a informação é processada pelo gerente para guiar outras pessoas na execução das ações necessárias. Em outras palavras, nesse plano o gerente não foca as pessoas ou as ações diretamente, mas informações, como um modo indireto de fazer as coisas acontecerem.

Apesar de essa ser a visão clássica de gestão, que dominou as percepções de sua prática por boa parte do século passado, ela novamente ganhou predominância, graças às preocupações contemporâneas com **"resultado (*bottom line*)"** e **"valor para o acionista": ambos favorecem uma prática de gestão isolada, movida essencialmente por informações.**

A gestão no plano da informação envolve duas habilidades: uma denominada *comunicação* – promover o fluxo de informações em torno do gerente; e outra denominada *controle* – dirigir o comportamento na unidade.

Comunicação em toda a unidade

Observe qualquer gerente, e uma coisa prontamente ficará aparente: a **grande quantidade de tempo empregada na simples tarefa de** *comunicar* **– isto é, reunir e disseminar informação pura e simplesmente, sem necessariamente processá-la.** Estudos apontam que os gerentes passam cerca de metade de seu tempo fazendo isso.

> *Norm Inkster, chefe da RCMP, examinava clippings de imprensa das últimas vinte e quatro horas; John Cleghorn instruía investidores institucionais sobre acontecimentos no banco; Stephen Omollo, gerente de um campo de refugiados da Cruz Vermelha na Tanzânia, fiscalizava a reconstrução de uma cerca que tinha sido arrebentada por uma tempestade.*

A comunicação funciona como uma membrana em torno do gerente, através da qual todas as atividades passam. Esse processo possui quatro aspectos:

O gerente é um monitor. Gerentes estão em busca de todo e qualquer fragmento de informação útil sobre operações internas e eventos externos, tendências e análises, tudo que se possa imaginar. Eles também são bombardeados com essas informações, boa parte das vezes em consequência das redes que criam em torno de si. Assim, Morris *et al.* escreveram sobre diretores de ensino médio que passeiam pelos corredores, visitam a cantina, dão rápidas olhadas nas salas de aula e bibliotecas, ente outras coisas – uma "volta constante", a fim de "conferir o clima escolar" e "prever e impedir possíveis problemas" (1981:74).

Como resultado, o gerente é o centro nervoso da unidade. O gerente é, relativamente, o generalista da unidade, supervisionando os trabalhos mais especializados. Ele pode não saber tanto assim sobre uma determinada especialidade, mas está em posição de saber algo sobre todas elas. Assim, **o gerente se torna o centro nervoso da unidade – seu membro mais bem-informado.** Como Morris *et al.* o colocam: "o diretor é (...) o quadro de distribuição pelo qual todas as mensagens importantes passam" (1982:690).

O mesmo se aplica à informação externa. Em virtude de sua situação, o gerente tem acesso a gerentes externos, que, por sua vez, são os centros nervosos de suas próprias unidades. Assim como um chefe de fábrica pode ligar para outro chefe de fábrica, o presidente dos Estados Unidos pode ligar para o primeiro-ministro da Grã-Bretanha. Considere esta descrição de um desses presidentes:

> A essência da técnica de reunião de informações de Roosevelt era a concorrência. "Ele chamava você", contou-me certa vez um de seus assessores, "e pedia que você averiguasse algum negócio complicado; então, você voltava depois de uns dias de trabalho árduo e apresentava o filé suculento que tinha descoberto sob uma pedra em algum lugar, e *aí* você descobria que ele já sabia tudo a respeito, mais alguma outra coisa que você *não* sabia" (Neustadt 1960:157).

O gerente é um disseminador. Muitas das informações que o gerente possui são simplesmente disseminadas a outras pessoas da unidade. **Como abelhas, gerentes fazem polinização cruzada.** Allen Burchill, comandante da RCMP na província de Nova Scotia, comentou ao se dirigir a uma reunião gerencial com seus colaboradores: "Estou informado. Mas agora é uma repassada de notícias para que eles também fiquem informados".

O gerente é um porta-voz. O gerente também manda muita informação para fora – por exemplo, para clientes, fornecedores e autoridades do governo. **Como porta-voz da unidade, o gerente a representa para o mundo externo, falando com vários públicos em seu nome, promovendo suas causas, representando seu conhecimento em foros públicos e atualizando *stakeholders* externos a respeito de seu progresso.**

O verbal, o visual e o visceral. Agora já deve estar claro que a vantagem do gerente não está na informação documentada, que pode ser disponibilizada a qualquer um, mas na informação atual transmitida, em grande parte, por via oral – por exemplo, fofoca, boca a boca e opiniões, como discutido no último capítulo. De fato, muitas das informações que os gerentes possuem não são nem mesmo verbais, mas, sim, visuais e viscerais: em outras palavras, são mais vistas e sentidas do que ouvidas.

Para concluir a discussão sobre o papel comunicativo, **o trabalho gerencial consiste, em grande parte, no processamento de informações, especialmente se acrescido de uma boa dose de escuta, de vista e de sentimento, além da simples fala.** Mas isso pode condenar o gerente a uma carga de trabalho excessiva ou de frustração. Por um lado, existe a tentação de descobrir pessoalmente o que está acontecendo, para "evitar a esterilidade tão comumente encontrada naqueles que se isolam das operações" (Wrapp 1967:92). O risco, é claro, é microgerenciar – meter-se no trabalho dos outros. Porém, no outro lado está a "macroliderança" – simplesmente não saber o que está acontecendo. Voltaremos a isso no Capítulo 5.

Controlando dentro da unidade

O gerente pode utilizar as informações que possui para "controlar", isto é, dirigir o comportamento dos "subordinados". Como observado anteriormente, durante a maior parte do século passado gerenciar era considerado quase um sinônimo de controlar. Hoje, sabemos que é mais do que isso, mas o controle da unidade pelo exercício de autoridade formal permanece sendo uma parte importante do trabalho.

> *Ao gerenciar os campos de refugiados na Tanzânia, o controle era primordial, simplesmente porque acontecia muita coisa que tinha que ser mantida na surdina, por medo de que um pequeno incidente eclodisse uma grande crise. "Você só tem que colocar o ouvido no chão, Stephen, e descobrir quais são os sentimentos entre os refugiados", disse Abbas Gullet, chefe da delegação, a Stephen Omollo, responsável pelos campos em si, para que ele impedisse qualquer problema iminente. Além disso, havia os vários sistemas, procedimentos, normas e regulamentos da Cruz Vermelha. Em contraste, o dia com o maestro de orquestra Bramwell Tovey exibiu muito menos controle explícito. Ele mal "regeu" naquele dia, no sentido de dar ordens, delegar tarefas e autorizar decisões.*

O *Oxford English Dictionary* traça a origem da palavra *manager** até o francês – especificamente, à palavra *main*, que significa "mão", em referência "ao treinamento, tratamento e direção de um cavalo em seus passos". Quando se trata de gestão, isso significa garantir que as pessoas desempenhem seu trabalho. **Controle tem que existir, mas é preciso evitar que apenas ele seja levado em conta, para que não venha a dominar todo o trabalho de gestão.**

---

* N. de T.: Em inglês, *gestor, gerente*.

Tomada de decisão é considerada um processo de pensamento que ocorre na mente daquele que decide, que faz escolhas. Mas tomada de decisão é mais do que isso. Na realidade, podemos entendê-la mais completamente enxergando-a como várias formas de controle:

Tomada de decisão como concepção. Gerentes criam coisas – projetos, estruturas, sistemas – com o intuito de guiar o comportamento de seus colaboradores. Robert Simons (1995), da Faculdade de Administração de Harvard, concluiu em sua pesquisa que diretores executivos corporativos tendem a escolher um sistema (por exemplo, planejamento de lucros) e o tornam o centro de seu exercício de controle.

Tomada de decisão como delegação. Aqui, o gerente identifica a necessidade de que uma coisa seja feita, mas delega a decisão específica e a sua realização a outra pessoa da unidade.

Tomada de decisão como autorização. Neste caso, a tomada de decisão se reduz a emitir um julgamento sobre as decisões dos outros. Considere este comentário de Andy Grove, diretor da Intel:

> É claro, de vez em quando, nós, gestores, de fato *tomamos* uma decisão. Mas, para cada vez que isso acontece, nós *participamos* da tomada de muitas, muitas outras, e fazemos isso de diversas formas. Damos contribuições fáticas ou simplesmente opiniões, debatemos os prós e os contras de alternativas, assim forçando o surgimento de uma decisão mais proveitosa, examinamos decisões tomadas ou prestes a ser tomadas por outros, estimulamos ou desestimulamo-as, ratificamos ou vetamo-las (1983:50–51).

Tomada de decisão como alocação de recursos. Os gerentes dedicam boa parte de sua tomada de decisão (inclusive em seus sistemas orçamentários) à alocação de recursos: dinheiro, materiais e equipamentos, além do trabalho de outras pessoas. Eles também fazem isso programando seu próprio tempo e levando em conta as estruturas organizacionais que influenciam o modo como as outras pessoas, em suas próprias unidades, alocam seu tempo.

Observe que tratar algo como um "recurso" é considerá-lo uma informação, para fins de controle. Logo, "alocar" recursos é funcionar no plano da informação da gestão, no papel de controle. Com efeito, **tratar funcionários como "recursos humanos" significa lidar com eles como se fossem apenas informação: eles são reduzidos a uma pequena parcela deles mesmos.**

Tomada de decisão como deliberação. Por fim, há a deliberação, que se tornou uma forma cada vez mais popular de controle, mas dificilmente sob esse nome ("gestão por objetivos" é um mais conhecido). Com "deliberação" quero dizer impor metas às pessoas: "aumentar as vendas em 10%" ou "reduzir os custos em 20%". Com frequência excessiva atualmente, quando os gerentes não sabem o que fazer, incitam seus colaboradores a "realizar". Isso inclui uma boa dose do dito planejamento estratégico, que frequentemente reduz o processo estratégico a um exercício de "mastigação de números". "Aumentar as vendas em 10%" não é uma estratégia (mais a seguir; vide também Mintzberg [1994c e 1994d]).

Os gerentes têm que ir além das metas, chegando até o mecanismo de suas unidades. Ou seja, **um pouco de deliberação é bom; gestão por deliberação não é.** Todo gerente certamente tem que gerenciar no plano da informação; mas nenhum pode parar por aí, deixando de gerenciar nos planos das pessoas e da ação.

GESTÃO COM PESSOAS

Realizar uma gestão *com* pessoas, em vez de *pela* informação, é dar um passo mais para perto da ação, mas ainda continuar fora dela. Neste plano, o gerente ajuda outras pessoas a fazer as coisas acontecerem: *eles* são os fazedores.

Gerenciar no plano das pessoas exige uma atitude completamente diferente daquela necessária para gerenciar no plano da informação. Naquela, o gerente guia as pessoas a objetivos específicos. Nesta, as pessoas não são tanto guiadas quanto são estimuladas, geralmente a objetivos que naturalmente lhes favorecem.

Esses comentários se aplicam à gestão dentro da unidade, com pessoas que se reportam formalmente a seu gerente. Porém, como observado no último capítulo, os gerentes geralmente passam, no mínimo, a mesma quantidade de tempo com pessoas de fora de suas unidades. No plano das pessoas, por conseguinte, falamos em duas atribuições gerenciais: *liderar* pessoas dentro da unidade e *ligá--las* às pessoas fora dela.

Liderando pessoas dentro da unidade

Quando um especialista se torna gerente, a maior mudança deve ser de "eu" para "nós". O primeiro instinto talvez seja: "Ótimo, agora eu posso tomar as decisões e expedir as ordens". Logo, porém, percebe-se que "autoridade formal é uma fonte de poder muito limitada", e que se tornar gerente é ficar "mais dependente (...) dos outros para que as coisas sejam feitas" (Hill 2003:262). Aí entra a capacidade de *liderar*.

Provavelmente foi escrito mais sobre a liderança do que sobre todos os outros aspectos da gestão juntos. Encontre uma organização com um problema e você encontrará todo tipo de pessoa propondo a liderança como a solução. E se vier um líder novo e as coisas melhorarem, não importa por que (uma economia mais forte, um concorrente falido), terá sido provado que eles tinham razão. Isso faz parte do nosso "Romance da Liderança" (Meindl *et al.* 1985).

A capacidade de liderar certamente pode fazer diferença. Mas ela não é o alfa e o ômega da gestão, assim como o controle ou a tomada de decisão não o são.

Na verdade, acredito que **precisamos enxergar a liderança como um componente necessário à gestão.**

Gerentes exercem sua liderança de três jeitos: com *indivíduos* (mano a mano), com *equipes* e com *toda a unidade ou organização* (em termos de sua cultura).[1]

Liderar significa ajudar a energizar indivíduos. Gerentes passam bastante tempo persuadindo pessoas, apoiando-as, convencendo-as, estimulando-as. Talvez isso fique mais claro de outra forma: **no papel de liderança, os gerentes ajudam a motivar as pessoas.** Citando as palavras de um CEO: "O trabalho [do gerente] não é supervisionar ou motivar, mas liberar e possibilitar" (Max DePree da Herman Miller, 1990).

Assim, tome cuidado com alguns dos termos populares que envolvem a liderança. Por exemplo, *participação* e *empoderamento* (*empowerment*) mantêm as pessoas subordinadas, pois vêm a mando do gestor. Pessoas realmente empoderadas, como médicos em um hospital, ou mesmo abelhas em uma colmeia, não aguardam dádivas de seus deuses gerenciais: eles sabem para quê estão ali e simplesmente fazem o que precisam fazer. Na verdade, boa parte do que hoje é chamado de "empoderamento" consiste apenas na necessidade de deixar para trás anos de "desempoderamento". **Empoderamento é o que os gerentes fazem *para* as pessoas.**

Liderar significa ajudar a desenvolver indivíduos. Gerentes também fazem *coaching*, treinam, tutelam, aconselham, cultivam, em suma, ajudam a desenvolver os indivíduos. Mais uma vez, essa vasta gama de denominações indica quanta atenção foi dada a esse aspecto da liderança. Mas **a responsabilidade pelo desenvolvimento talvez seja mais bem vista se pensarmos em gerentes capazes de ajudar as pessoas a se desenvolverem** (vide http://www.CoachingOurselves.com/). Dois professores de um colégio da cidade de Calgary levam isso mais adiante, no contexto da sala de aula: "Perdemos a paciência com a ideia de que o professor está ali principalmente para 'facilitar' o desenvolvimento das crianças (...) Estamos ali para algo mais sutil e profundo do que isso: nós ajudamos a mediar o conhecimento, os problemas e os questionamentos que as crianças já possuem (Clifford e Friesen 1993:19).

Liderar significa ajudar a criar e manter equipes. No nível do grupo, os gerentes desempenham papéis cruciais na criação e manutenção de equipes den-

---

[1] Um terceiro conjunto de atividades gerenciais relacionadas (incluindo contratação, julgamento, remuneração, promoção e demissão de indivíduos) se encaixa no papel de controlar, e não liderar, pois trata-se de tomada de decisões. É claro, *como* um gestor realiza essas atividades pode pô-lo no plano das pessoas. Mas é assim com todo papel gerencial – tanto fazendo e tratando quanto controlando e comunicando.

tro de suas próprias unidades. **Criar equipes envolve integrar pessoas em grupos cooperativos, assim como resolver conflitos entre e dentro desses grupos, para que os membros possam realizar seu trabalho.** Por exemplo, esportivas de sucesso possuem uma "capacidade quase prodigiosa de agir como uma só unidade, com os esforços dos membros individuais fundindo-se homogeneamente". A gestão como "um esporte de equipe (...) faz exigências semelhantes a seus jogadores" (Kraut *et al.* 2005:122).

Os novos gerentes que Hill estudou imaginavam inicialmente que seu "papel de gestão de pessoas fosse criar as relações mais eficientes que [pudessem] com cada subordinado *individual*", assim "não consegu[indo] reconhecer (muito menos dar conta de) suas responsabilidades de criação de equipe". Mas com o tempo, após errar, eles se deram conta da importância da equipe em si (2003:284).

Talvez, "gerentes novos sejam enganados" pela estrutura organizacional: "eles imaginam que se todos os trabalhadores fizerem seu serviço de acordo com uma certa direção ou plano–mestre, não haverá necessidade de contato ou intervenção humana" (Sayles 1979:22). Em outras palavras, a manutenção do controle será toda a coordenação necessária. Raramente dá certo.

Liderar significa ajudar a estabelecer e a fortalecer a cultura. Por fim, na unidade inteira (e, mais usualmente, para o diretor executivo de toda uma organização), os gerentes desempenham um papel fundamental no estabelecimento e fortalecimento da cultura.

A cultura deveria atuar coletivamente da mesma maneira que atuam outros aspectos ligados à liderança: estimulando os melhores esforços das pessoas e alinhando seus interesses com as necessidades da organização. **Em contraste com a *tomada* de decisão como uma forma de controlar, cultura é *formação* de cultura como uma forma de liderar.** Como Mary Parker Follet formulou em 1920: "Precisamos de líderes, não de mestres ou guias. (...) Esse é o poder que cria comunidade" (p. 230). "[E] assim, um diretor vagava pela escola, lembrando a professores e alunos seus deveres e exortando todos os participantes do processo de aprendizado a se empenhar por um bom trabalho e um rendimento exemplar" (Morris *et al.* 1982:691).

Nesse caso, além de ser o centro nervoso da informação da unidade, **o gestor pode ser descrito como o centro motivador da cultura da unidade.** Como escreveu William F. Whyte em um estudo clássico sobre gangues de rua:

> O líder é o ponto focal da organização de seu grupo. Em sua ausência, os membros da gangue ficam divididos em vários pequenos grupos. Não há atividade comum ou conversa geral. Quando o líder aparece, a situação muda a olhos vistos. As pequenas unidades se juntam em um grande grupo. A conversa se generaliza, e geralmente segue-se ação unificada (1955:258).

Considere a abelha rainha na colmeia: "Ela não expede ordens; ela obedece, tão mansamente quanto o mais humilde de seus súditos. A isso chamaremos 'espírito da colmeia'" (Maeterlinck 1901). Mas com sua mera presença, manifestada na emissão de uma substância química, ela une os membros da colmeia e os leva a trabalhar. Nas organizações humanas, chamamos essa substância de **cultura: ela é o espírito da colmeia humana.**

A cultura de uma organização pode ser difícil de estabelecer e aprimorar – isso pode levar anos, se acontecer –, mas pode facilmente ser destruída, caso haja uma gestão negligente. É por isso que a sustentação da cultura era o o mais importante em vários dos dias que passei com gerentes de organizações tradicionais:

> *Em uma força policial, espera-se ver uma boa dose de controle convencional, sob a forma de regras, padrões de desempenho e fichas a preencher. Não houve escassez disso nos dias que passei com três gestores da RCMP. Mas parecia ser dada ênfase maior à cultura: controlar comportamento por meio de compartilhamento de normas, com base em socialização cuidadosa. Por exemplo, o comissário Inkster visitou a academia de treinamento de oficiais e falou de improviso por meia hora, seguido de uma sessão de perguntas sem rodeios.*

Para fechar esta discussão do papel da liderança, podemos voltar à metáfora do líder como um maestro no púlpito, completamente no controle da situação. Isso realmente constitui o exercício da liderança? Veja o quadro a seguir.

Mitos do maestro de orquestra como líder

Na metáfora do gerente como maestro de orquestra, temos a liderança perfeitamente registrada em caricatura. O grande chefe fica no púlpito, com os seguidores organizadamente dispostos em volta, prontos para responder a cada comando. O maestro levanta a batuta, e todos eles tocam em uníssono perfeito. Outro movimento, e todos param. Absolutamente no controle – o sonho do gestor: um sinal para as vendas, outro para o marketing, e eles tocam em harmonia perfeita. O mito perfeito!

Como Bramwell Tovey, regente da Sinfônica de Winnipeg, rapidamente apontou, essa é uma organização de subordinação, e isso inclui o maestro. É Mozart quem puxa os cordões. De que outro modo explicar o fenômeno do "maestro convidado"? Tente imaginar um "gerente convidado" em praticamente qualquer outro tipo de organização.

Na verdade, esses "maestros" e "diretores" se envolvem *operando* a orquestra, mais do que *liderando* a orquestra. Os ensaios, como observado, são vitais – é neles que a verdadeira gestão ocorre. Um concerto é, na verdade, um projeto, e a gestão do projeto ocorre nos ensaios, quando ritmo, padrão, andamento e som são aperfeiçoados.

Quando indagado sobre sua liderança, Bramwell respondeu: "Nós nunca discutimos a 'relação'", que ele chamou de 'liderança implícita'. Ainda assim, liderança claramente estava em sua mente. Ele me disse que não podia destacar indivíduos nos ensaios, e disse, brincando: "Eu não vejo meu trabalho como de gestor. Vejo-o mais como de domador de leões!". É uma boa frase, mas dificilmente capta a imagem de setenta felinos domados sentados em filas organizadas, prontos para tocar juntos ao agitar de uma batuta.

▶

> E o que significa criação de cultura aqui? Setenta pessoas se reúnem para ensaiar e depois se dispersam. Quando a cultura é criada? Talvez também implicitamente, por meio da energia, atitude e comportamento geral do maestro. Mas, além disso, a cultura está imbricada no próprio sistema: não era apenas a cultura da Orquestra Sinfônica de Winnipeg, mas das orquestras sinfônicas em geral, que vêm se desenvolvendo há séculos.
> Portanto, cuidado, fãs da liderança. Talvez vocês acordem um dia e descubram que Bramwell Tovey é o que uma boa parte da gestão contemporânea significa. Aí vocês terão que descer dos seus púlpitos hierárquicos, pousar suas batutas orçamentárias e ir para o chão, onde ocorre o trabalho de verdade da sua organização – onde você e seus colegas podem fazer bela música juntos (adaptado de Mintzberg 1998).

Ligação com pessoas de fora da unidade

Ainda no plano das pessoas, **a ligação olha para fora da unidade como a liderança olha para dentro dela. O foco é na rede de relacionamentos que os gerentes mantêm com diversos indivíduos e grupos fora de suas unidades.** "Quando comparados a não gerentes, os gerentes apresentam redes de associação organizacional mais amplas: eles pertencem a mais clubes, sociedades e afins" (Carroll e Teo 1996:437). Mas cada gerente mantém esses relacionamentos a seu próprio modo.

> *Todos os três gerentes que observei nos parques canadenses gerenciavam nas fronteiras – entre suas unidades e o contexto externo–, mas, em cada caso, em uma diferente. Sandy Davis, chefe da Região Ocidental, gerenciava especialmente em uma fronteira política, entre seus parques e as autoridades de Ottawa. Ela fazia a ligação da política com o processo. Charlie Zinkan, chefe do Parque Nacional Banff, que se reportava a Sandy, gerenciava especialmente à beira dos* stakeholders, *com diversas pessoas externas exercendo pressões sobre ele. Ele fazia a ligação entre influência e programas. E Gord Irwin, Gerente da Região Frontal do Parque Nacional Banff, que se reportava a Charlie, atuava especialmente em uma fronteira operacional, entre as operações e a administração. Ele ligava a ação à administração.*

É surpreendente quão pouca atenção a ligação com pessoas de fora da unidade recebeu nos escritos sobre gestão, apesar da evidência dada, estudo após estudo, de que **gerentes são responsáveis pelas ligações externas tanto quanto são líderes internos**. Isso é pouco compreensível, especialmente nos dias de hoje, com a predominância de alianças, empreendimentos conjuntos e outras relações colaborativas.

Gerentes fazem ligações com clientes, fornecedores, parceiros, autoridades públicas, sindicalistas e muitos outros, assim como com o pessoal de produção e administração de suas próprias organizações. Um diretor de escola até "cultiva[va] (...) avós": moradoras do bairro que conheciam bem a comunidade e, portanto, agiam como "olheiras" para a escola, "advert[indo]-o sobre atividades incomuns" (Morris *et al.* 1982:689).

Fabienne Lavoie, na ala hospitalar, conectava-se com médicos, pacientes e famílias de pacientes. John Cleghorn almoçava com investidores financeiros do Royal Bank, informando-os a fim de influenciá-los, enquanto Brian Adams trabalhava com empresas de todo o mundo parceiras da Bombardier.

Na Figura 3 é apresentado um modelo de ligação do gerente com pessoas de fora de sua unidade, cujos componentes serão discutidos um por um a seguir.

Estabelecer ligações significa *networking*. Uma coisa é clara: ***networking* é onipresente: quase todos os gerentes passam bastante tempo criando redes de contatos externos e estabelecendo coalizões de apoiadores externos.**

Carol Haslam, diretora-gerente da Hawkshead Films, fazia o agenciamento entre clientes e produtores, valendo-se do que parecia ser uma imensa rede de contatos e uma compreensão finamente sintonizada da indústria televisiva britânica. Nos campos de refugiados da Cruz Vermelha, Abbas Gullet exibia uma capacidade peculiar para fazer pontes, não apenas entre inglês e suaíli, e africanos e europeus, mas também entre um escritório central em uma pujante cidade europeia e seu escritório local em um empobrecido município africano.

Estabelecer ligações significa representar. Da porta para fora, **os gerentes desempenham um papel de** *figura de proa,* **representando suas unidades oficialmente para o mundo exterior,** seja o CEO de uma empresa em um jantar formal, um reitor de universidade assinando diplomas de formandos ou um chefe de fábrica saudando clientes em visita (alguém já disse, apenas parcialmente de brincadeira, que o gerente é a pessoa que fala com os visitantes para que todos os outros possam fazer suas respectivas tarefas).

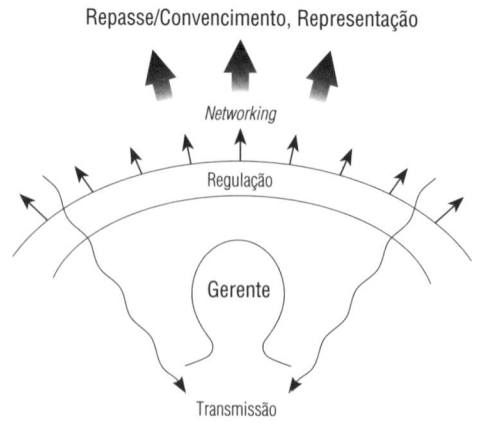

Figura 3   Um modelo de ligação.

Bramwell Tovey passou uma noite na casa do patrocinador mais generoso da orquestra, que estava sediando "O círculo do maestro". Lá, ele socializou com cerca de 50 patrocinadores da orquestra, fez um pequeno discurso e então os entreteve ao piano.

Estabelecer ligações significa repassar e convencer. Gerentes usam suas redes para obter apoio para suas unidades. Isso pode implicar (no plano da informação) em simplesmente *repassar* informações aos externos apropriados – por exemplo, dizer para as avós nos arredores da escola ficarem de olho em traficantes de drogas. Ou pode ser feito (no plano das pessoas) para *defender* as necessidades das unidades, *fazer lobby* para suas causas, *promover* seus produtos ou simplesmente disseminar *sua influência*.

Por uma boa parte do dia em que observei Rony Brauman, chefe da Médicos sem Fronteiras, ele concedeu entrevistas à imprensa e à mídia, representando as visões da organização sobre a situação na Somália, a fim de influenciar a opinião pública. Mais do que simplesmente falando, ele estava "se pronunciando".

Estabelecer ligações significa transmitir. A ligação com pessoas de fora da unidade é uma rua de duas mãos: **gerentes que disseminam influência para fora são alvos de influência disseminada que entra**, e uma boa parte desta última tem que ser *transmitida* a outros na unidade.

Para que Brian Adams, da Bombardier, conseguisse colocar o avião novo no ar dentro do prazo, tudo tinha que dar certo em um cronograma apertado. Assim, ele precisava transmitir a seus engenheiros as pressões que recebia de fornecedores e da sua própria alta gerência. Da mesma forma, Carol Haslam, da Hawkshead, tinha que fazer com que a produção interna dos filmes fosse condizente com os interesses externos dos clientes.

Estabelecer ligações significa regular. É na combinação de todas essas atividades que envolvem a ligação com pessoas externas que podemos aferir especialmente o delicado equilíbrio da gestão. Gerentes não são apenas *canais* por meio dos quais passam informações e influência. Eles são também *válvulas* nesses canais, controlando o que passa adiante e como. Para usar duas outras palavras populares, **gerentes são** *porteiros* **(***gatekeepers***)** *e reguladores* **(***buffers***) do fluxo de influência.** Para avaliar a importância disso, considere cinco erros que os gerentes podem cometer:

- Alguns gerentes são *peneiras*, deixando a influência fluir muito facilmente para dentro de suas unidades. Isso pode enlouquecer seus colaboradores, forçando-os a reagir a toda pressão, como quando, por exemplo, diretores corporativos transmitem as demandas dos analistas de mercado de ações pressionando todos os funcionários, a fim de erguer os resultados em um curto prazo.

- Outros gerentes são *represas*, bloqueando demais a influência externa – por exemplo, de clientes que pedem mudanças no produto. Isso pode proteger as pessoas que trabalham dentro da unidade, mas as isola do mundo exterior.
- Também há as *esponjas* – gerentes que absorvem a maioria das pressões. Isso pode ser bem-visto pelos outros, mas é só uma questão de tempo até esses gerentes se esgotarem.
- Gerentes que agem como *mangueiras* revertem as pressões para as pessoas de fora, que, em consequência, podem ficar zangadas e menos inclinadas a cooperar. Isso é comum quando uma empresa "espreme" demais seus fornecedores.
- Por fim, há os gerentes *goteiras*, que exercem pouca pressão sobre as pessoas de fora, de forma que as necessidades da unidade não são bem-representadas. Exemplo disso são CEOs que não reagem aos analistas de mercado de ações, às custas da saúde de suas empresas.

O gerente eficaz pode agir de todas essas maneiras em algum momento, mas não permite que nenhuma delas domine suas ações o tempo todo. Em outras palavras, **gerenciar nos limites – nas fronteiras entre a unidade e seu contexto – é um negócio complicado: toda unidade tem que ser protegida, reativa e agressiva, dependendo das circunstâncias.**

GESTÃO DA AÇÃO

Se gerentes gerenciam por informação (conceitualmente, à distância) e com pessoas (mais próximo, com afeto), em um terceiro plano eles gerenciam a ação diretamente (ativa, concretamente), como quando alguém comenta: "Mary-Anne pega e faz". Porém, com que frequência lemos sobre gestão focada em como fazer, em comparação com gestão focada em como liderar ou tomar decisões?

Os novos gerentes de Linda Hill só reconheceram isso após bastante tempo em seus cargos. "Quando indagados, ao fim dos primeiros meses, sobre o que é um gerente, eles não respondiam mais 'é o chefe' ou 'é a pessoa no controle'. Em vez disso, as observações mais comuns incluíam um 'solucionador de problemas', um 'malabarista' e um 'artista transformista'" (2003:57).

> *Catherine Joint-Dieterle, chefe do museu de moda de Paris, desempenhava um papel vital trazendo novos figurinos e examinando cada um ao chegarem. Ela se envolvia pessoalmente com os tours públicos do museu e escrevia as propostas para novas exposições.*

Gerentes "encabeçam a mudança", "gerenciam projetos", "apagam incêndios", "fecham negócios". Algumas dessas definições dizem respeito a ações dentro da unidade, sendo chamadas aqui de *fazer dentro*; já outras ocorrem além da unidade, sendo chamadas aqui de *tratar fora*.

Agindo no interior

O que significa um gerente ser um homem de ação? Afinal, muitos gerentes mal "fazem" alguma coisa. Alguns sequer fazem seus próprios telefonemas. Observe um gerente trabalhando e você perceberá que ele muito fala e ouve, mas pouco faz.

Fazer, no contexto da gestão, geralmente significa *quase* fazer: isto é, chegar perto de executar a ação; gerenciá-la diretamente, em vez de indiretamente com pessoas ou por informação. Assim, **o gerente como "homem de ação" é, na realidade, a pessoa que "faz com que seja feito"**, como na expressão francesa *faire faire* (literalmente, "fazer fazer").

O que os gerentes de fato fazem? Isso se relaciona ao que a unidade faz, às ações que executa, seja produzir um produto em uma empresa ou realizar o parto de um bebê em um hospital. O envolvimento do gerente não é passivo: não se trata de ficar sentado em uma sala dando ordens. Deliberar não é fazer. Tampouco conceber estratégias, estruturas e sistemas para guiar outras pessoas. Tudo isso é controlar. No papel de fazer, o gerente se envolve pessoalmente, "com a mão na massa", nas ações que determinam o que a unidade faz.

Há alguns anos, quando chegou a hora de reprojetar a Pampers, marca mais importante da Procter & Gamble, o diretor de toda a empresa chefiou a força-tarefa. Quando a Johnson & Johnson enfrentou uma crise após alguém mexer em alguma de suas embalagens de Tylenol, foi o CEO que chefiou o trabalho de resposta pública (Bennis 1989). Esses exemplos sugerem que **a habilidade de fazer envolve dois aspectos: gerenciar projetos proativamente e tratar de distúrbios reativamente.**

Fazer significa engajar-se em projetos. Gerentes podem escolher chefiar projetos eles mesmos ou envolver outras pessoas neles, por diversas razões. Às vezes, o motivo é *aprender* ou se *informar* sobre algo (no plano da informação). Outras vezes, é *demonstrar*: isto é, estimular os outros a agir, ou mostrar-lhes como fazê-lo (no plano das pessoas). Porém, o mais comum talvez seja que os gerentes se envolvam em projetos porque se interessam pelos *resultados* (no plano da ação).

> *Jacques Benz, diretor-geral da GSI, foi um participante ativo de uma reunião sobre uma plataforma de* software *sendo desenvolvida para os correios franceses. Após escutar por um tempo, ele comentou: "Há uma escolha a ser feita"; depois, ele deu alguns conselhos; e, no fim da reunião, ele enfatizou o que era necessário para a próxima reunião. Indagado por que comparecera, Jacques respondeu que o projeto estava estabelecendo um precedente para a empresa, "o início de uma estratégia".*

É claro, poucos gerentes podem se encarregar pessoalmente de todos os projetos de sua unidade. Mas **a sugestão, feita por parte da literatura especializada, de que os gerentes não devem "fazer" nada – sendo o fazer rejeitado** como microgestão – deriva de uma visão estéril do trabalho: o gerente em um pedestal, fora de "contato" literal, simplesmente pronunciando estratégias para os demais implementarem. Como relatado por um executivo do setor de motocicletas: "O Diretor Executivo de um grupo mundialmente famoso de consultores de gestão se esforçou muito para me convencer de que o ideal é que os executivos da gerência de nível alto tenham o mínimo de conhecimento possível a respeito do produto. Esse grande homem realmente acreditava que essa qualificação lhes possibilitava tratar eficientemente de todas as questões comerciais de um modo desapegado e desinibido" (Hopwood 1981:173).

Isso pode funcionar bem em um mundo simples. O nosso, infelizmente, é complicado. Logo, os gerentes têm que descobrir o que está acontecendo. E um modo sensível de fazer isso é se envolver em projetos específicos. **Estratégias não são concebidas imaculadamente, em salas isoladas. Elas são aprendidas por meio de experiência concretas** (mais sobre isso no Capítulo 5). Posto de outra forma, projetos não executam estratégias, simplesmente; eles ajudam a colocá-las em primeiro plano, como sugeriu Jacques Benz. Gerentes *fora* do campo costumam não aprender – e, portanto, geralmente acabam sendo maus estrategistas.

Os gerentes via de regra não podem se concentrar em um único projeto – aquela "magnífica obsessão" citada anteriormente. Mas pode haver exceções importantes, por exemplo, quando a unidade está em crise ou frente a uma oportunidade magnífica. Além disso, há gerentes de projeto, como Brian Adams, da Bombardier, cujo trabalho se concentra em um único projeto.

Para a maior parte dos gerentes, contudo, diversos projetos demandam atenção ao mesmo. Como eles tendem a proceder irregularmente, com muitos atrasos, o gerente pode trabalhar intermitentemente em cada um, ocasionalmente dando uma acelerada em um deles e então se voltando a outros afazeres.

Fazer significa lidar com distúrbios. Se gerenciar projetos quer dizer, em grande medida, mudança pró-ativa na unidade – ir atrás de oportunidades –, lidar com distúrbios quer dizer reagir a mudanças impostas à unidade. Um acontecimento imprevisto, um problema há muito ignorado, ou a aparição de um novo concorrente, por exemplo, pode precipitar um distúrbio, fazendo necessária uma correção.

> *Quando observei Alan Whelan na BT, o dia girou basicamente em torno de um grande distúrbio: a não obtenção de aprovação da gerência sênior para um contrato grande. Na Bombardier, Brian Adams teve que intervir junto a um "fornecedor-problema" do avião. E, no hospital do campo de refugiados, Abbas Gullet enfrentou uma crise provocada pela dispensa inadvertida de sua enfermeira-chefe.*

À medida que os gerentes avançam para cargos seniores, eles "lidam cada vez mais com embaraços, e não com problemas". Aqueles "exigem pensamento interpretativo"; "não podem ser tratados facilmente" (Farson 1996:43).

Por que o gerente é que deve responder? Os outros da unidade não estão lá para fazer isso? Claro, e muitas vezes o fazem. Mas alguns distúrbios exigem a autoridade formal do gerente ou suas informações de centro nervoso. Outros dizem respeito a questões que ninguém mais pode apreciar – por exemplo, a reação a um *stakeholder*-chave. Além disso, os problemas frequentemente se tornam distúrbios exatamente porque se infiltraram pelas frestas: ninguém na unidade tomou para si a responsabilidade, então o gerente deve fazê-lo. Ou então surge um distúrbio de que ninguém pode tratar melhor que o gerente. Voltando ao caso da Johnson & Johnson, nas palavras do diretor da empresa que "se encarregou imediatamente" após ser encontrado veneno em algumas cápsulas de Tylenol:

> Eu sabia que precisava e sabia que podia. (...) Eu conhecia a mídia. Eu era um fanático por noticiários, e já tinha lidado com as transmissoras diversas vezes. Conhecia os chefes dos noticiários, sabia para quem ligar, como falar com eles. (...) Eu estava na sala 12h por dia. Pedi conselhos a todos, porque ninguém nunca tinha lidado com esse tipo de questão antes. (...) Montamos a nova embalagem praticamente de um dia para o outro, quando isso normalmente teria tomado dois anos (in Bennis 1989:152–154).

Não são poucos os casos relatados sobre distúrbios surgidos por causa de uma gestão incompetente ou, ao menos, negligente. Na maior parte dos casos, com toda justiça. Menos discutidos, mas igualmente dignos de nota, são os distúrbios que ocorrem naturalmente em toda organização (como no exemplo do Tylenol). Na verdade, **a organização eficaz pode ser não apenas aquela que evita muitos distúrbios, mas também aquela que lida de forma eficaz com os distúrbios inesperados que surgem.** De fato, quanto mais inovadora é a organização, mais provável é que surjam distúrbios inesperadamente. A organização que não assume riscos pode evitar todos os distúrbios, até aquele que acabe a afundando.

Outro aspecto do tratamento de distúrbios merece ser mencionado aqui. Às vezes, um gerente substitui alguém da unidade que está doente, pediu demissão inesperadamente, ou não pode trabalhar por outro motivo. Neste caso, o gerente se envolve com o trabalho normal da unidade. Mas como ele está tratando de um distúrbio (preenchendo a função excepcionalmente), isso deve ser considerado parte do trabalho gerencial.

É claro, há vezes em que os gerentes simplesmente escolhem fazer um pouco do trabalho operacional normal de sua organização: o papa conduz orações, o chefe do hospital clinica às sextas-feiras. Talvez eles simplesmente gostem desse trabalho e sentiriam falta dele, e nesse caso o trabalho é tanto gerenciamento quanto o seria um jogo de tênis semanal (ao menos sem clientes). Mas pode haver razões gerenciais por trás dessas atividades, também: o papa pode estar atuando como figura de proa, e o chefe do hospital pode estar mantendo contato.

Para concluir a discussão sobre a habilidade de fazer, Chester Barnard, CEO da New Jersey Bell há anos atrás, escreveu que "trabalho executivo não é aquele da organização, mas o trabalho especializado de *manter* a organização em operação" (1938:215). Parece certo; a parte complicada é distinguir um do outro.

Tratar com o exterior

Tratar é o outro lado do fazer, sua manifestação externa. Às vezes, é chamado de "tratar de negócios" ou "tratativas" (embora isso sugira a costumeira desconexão entre tratar e fazer, como quando um CEO negocia uma aquisição e então deixa a cargo de outras pessoas suas consequências mal-examinadas). Gerentes fazem tratos com pessoas de fora, como fornecedores e bancos, mas também com outros gerentes dentro de suas próprias organizações.

> *Doug Ward, que estava à frente da estação de rádio da Canadian Broadcasting Corporation em Ottawa, observou a respeito da CBC: "Este lugar se tornou muito empreendedor, muito mais voltado a negócios", com uma filosofia de "se você puder me ajudar, eu ajudo você".*

A habilidade para tratar envolve dois componentes principais: *criar coalizões* **em torno de questões específicas (***mobilizar apoio***) e utilizar essas coalizões com redes estabelecidas para** *realizar negociações*. Discutiremos ambos juntos.

Muito do fazer exige que se trate: tocar projetos adiante costuma envolver bastante negociação – com fornecedores, clientes, parceiros, autoridades governamentais e muitos outros.

> *Como chefe da Hawkshead Films, Carol Haslam tinha que elaborar projetos envolvendo redes de TV, às vezes de todo o mundo, propondo ideias a seus clientes potenciais e convencendo-os da capacidade de sua empresa de executá-los. Isso envolvia uma boa dose de conexão e malabarismo.*

Sócios-gerentes de empresas de consultoria, assim como diretores executivos de companhias de alta tecnologia (como Boeing ou Airbus), seguidamente atuam como vendedores para garantir contratos com clientes. Aí eles estão realizando o que é considerado trabalho operacional na maioria dos outros setores. Contudo, como observado, às vezes apenas eles têm o *status* e a autoridade para fechar o acordo. **Como figuras de proa, os gerentes trazem credibilidade às negociações; como centros nervosos, trazem informações abrangentes; em posições de autoridade, conseguem comprometer os recursos necessários em tempo real.**

Microgestão demais?

Podemos concluir esta discussão do plano da ação retornando à questão abordada anteriormente da microgestão contra a macroliderança. **A macroliderança pode muito bem ser o problema maior nos dias de hoje. Gerentes que não fazem ou tratam podem ficar incapazes de tomar decisões sensatas e elaborar estratégias**

robustas. Precisamos de gerentes que nunca fazem ou tratam tanto quanto de gerentes que só fazem e tratam. Como discutiremos agora, em todo o mundo, todos os gerentes precisam se conectar ao universo das pessoas e ao da informação.

GESTÃO AFINADA

Observei, no início deste capítulo, que muitos dos autores mais conhecidos da literatura sobre gestão enfatizaram um aspecto dela em detrimento de outros. Agora pode-se julgar por que todos esses autores estão errados: seguir o conselho de qualquer um deles pode (referindo-se ao diagrama do nosso modelo) estimular uma prática desigual de gestão. Como uma roda não balanceada em frequência ressonante, há o risco de que o trabalho oscile até ficar fora de controle.

Aceitar, por exemplo, a ênfase de Tom Peter sobre o fazer pode causar uma explosão centrífuga do trabalho, que voaria em todas as direções, livre do efeito de ancoragem de uma estrutura forte no centro. Optar, em vez disso, pela visão de Michael Porter, que define o gestor como analista, enfocando a formulação de estratégia no centro, pode incitar implosão centrípeta, com o trabalho se fechando sobre si mesmo, longe das ações concretas necessárias para informar e enraizar estratégias. **Pensar é pesado (pensar demais pode desgastar o gerente), enquanto que agir é leve (se agir demais, o gerente não consegue manter sua posição).**

Além disso, **liderar demais pode resultar em um trabalho sem conteúdo (sem alvo, sem estrutura e sem ação, enquanto que estabelecer ligações e contatos demais pode produzir um trabalho desalojado de suas raízes), torna-se relações públicas.** O gerente que apenas comunica nunca faz com que as coisas sejam feitas, enquanto que o gerente que só "faz" acaba fazendo tudo sozinho. E o gerente que só controla se arrisca a controlar uma casca vazia de homens e mulheres que só dizem "sim".

Não precisamos de gerentes voltados a pessoas, voltados a informações ou voltados à ação: precisamos de gerentes que funcionem em todos os três planos.

Uma metáfora piegas pode servir como uma boa orientação aqui: **o gerente deve praticar um trabalho bem-afinado.** Claro, os papéis que ele precisa desempenhar às vezes substituem uns aos outros – por exemplo, puxar os funcionários pela liderança, em vez de empurrá-los pelo controle. Há diferentes jeitos de trabalhar. Mas todos os papéis a serem desempenhados devem ser mesclados em todo trabalho gerencial.

Todos já passamos por uma gestão desigual, seja por causa de isolamento da formulação de estratégia, rigidez de controle ou egocentrismo de liderança narcisista. É por isso que o modelo deste capítulo foi exibido em uma única página: como um lembrete de que é um só trabalho, e que deve ser *enxergado* como um todo.

A Tabela 2 relaciona diversas competências associadas aos papéis desempenhados por gerentes que foram discutidos neste capítulo. Algum gerente consegue dominá-las todas? A resposta curta é "não". Contudo, como discutiremos no Capítulo 6, o mundo vem funcionando bem com gerentes que, como o resto da humanidade, têm defeitos. Não temos outra escolha.

Alcançando o equilíbrio dinâmico

Quando uma pílula é digerida, suas diferentes camadas se decompõem e se mesclam umas às outras. O mesmo acontece com esse modelo: **quando os gerentes gerenciam, as distinções entre os papéis que eles desempenham se diluem.** Talvez seja fácil separar esses papéis na teoria, mas isso não quer dizer que sempre possam ser distinguidos na prática.

Isso nega o modelo? Tanto quanto a mescla das camadas da pílula durante a digestão nega a necessidade de seus diferentes ingredientes. Para compreender a prática da gestão, precisamos entender cada uma de suas partes componentes, mesmo que elas não possam sempre ser executadas distintamente. Por exemplo,

Tabela 2   Competências da gestão

A. Competências pessoais
1. Gestão de si mesmo, internamente (reflexão, pensamento estratégico)
2. Gestão de si mesmo, externamente (tempo, informação, *stress*, carreira)
3. Programação (desmembramento, priorização, fixação de agenda, "malabarismo", *timing*)

B. Competências interpessoais
1. Liderança de indivíduos (seleção, ensino/tutela/*coaching*, inspiração, tratar com especialistas)
2. Liderança de grupos (criação de equipes, resolução/mediação de conflitos, facilitação de processos, condução de reuniões)
3. Liderança da organização/unidade (criação de cultura)
4. Administração (organização, alocação de recursos, delegação, autorização, sistematização, estabelecimento de metas, avaliação de desempenho)
5. Ligação da organização/unidade (*networking*, representação, colaboração, promoção/*lobby*, proteção/regulagem)

C. Competências informacionais
1. Comunicação verbal (escuta, entrevista, falar/apresentar/*briefing*, escrita, coleta de informações, disseminação de informações)
2. Comunicação não verbal (visão [educação visual], sensação [educação visceral])
3. Análise (processamento, modelagem, medição, avaliação de dados)

D. Competências acionais
1. Concepção (planejamento, plasmação, prefiguração)
2. Mobilização (combate a incêndios, gerenciamento de projetos, negociação/transação, politicagem, gestão da mudança)

Fonte: Compilado de várias fontes; adaptado de Mintzberg (2004:280).

Andy Grove, como CEO da Intel, falou de um "empurrão" nas interfaces utilizadas para liderar, controlar, comunicar e fazer:

> Você geralmente faz no escritório coisas pensadas para influenciar ligeiramente os acontecimentos, talvez telefonar para um parceiro sugerindo que uma decisão seja tomada de uma certa maneira. (...) Nesses casos, você pode estar defendendo uma linha de ação de preferência, mas não está expedindo uma instrução ou um comando. Porém, você está fazendo algo mais forte do que meramente repassar informação. Chamemos de "empurrão", pois assim você empurra uma pessoa ou reunião na direção que gostaria. Essa é uma atividade gerencial imensamente importante que desempenhamos toda hora, devendo ser cuidadosamente distinguida da tomada de decisão que resulta em diretivas firmes e claras. Na realidade, para cada decisão inequívoca que tomamos, provavelmente damos uma dúzia de empurrões (1983:51-52).

Quanto à mistura e mescla de papéis gerenciais, pense no dia de Fabienne Lavoie na ala de enfermagem.

> *O notável era como tudo simplesmente fluía em um ritmo natural. Eu conseguia ver exemplos claros de cada um dos papéis sendo desempenhados, mas ela os misturava em bocados tão curtos que eles simplesmente se mesclavam todos. Uma conversa rápida com uma enfermeira parecia combinar controle sutil com liderança simpática; depois, ela estava no telefone com o parente de um paciente (ligação); e em todo esse tempo ela estava constantemente fazendo, mas era difícil distinguir isso da sua liderança e da sua comunicação.*

Anteriormente, descrevi o controle dos internos (*insiders*) e o convencimento dos externos. Porém, os internos altamente qualificados, como pesquisadores em um laboratório, muitas vezes precisam ser convencidos, mais do que controlados, por seus gerentes. E fornecedores cativos de uma empresa às vezes podem ser controlados como internos. A linha vertical de "superiores" a "subordinados" vem se enfraquecendo em muitas organizações, enquanto que as linhas horizontais de parceiros e colegas vêm se fortalecendo.

Insistir que todos os gerentes tenham que desempenhar todos os papéis do modelo – tomar o remédio inteiro – não é sugerir que os gerentes não favoreçam alguns papéis em detrimento de outros. Todo trabalho possui necessidades específicas às quais o gerente tem que responder. Além disso, cada gerente tem seu próprio estilo, como discutiremos no próximo capítulo. Dessa forma, **gerentes eficazes não apresentam um equilíbrio perfeito entre os papéis que, mas um equilíbrio dinâmico ao longo deles, oscilando para frente e para trás entre eles.**

É esse equilíbrio dinâmico que torna inútil o ensino de gestão em sala de aula, especialmente quando é ensinado um papel ou uma competência por

vez. Nem mesmo o domínio de todas as competências faz um gerente competente. Nenhuma simulação que eu tenha visto em sala de aula – *case*, jogo, exercício de tarefas pendentes (*in-basket*) – chega remotamente perto de replicar o trabalho do gerente em si. Gestão tem que ser aprendida na prática.

Gerentes praticantes certamente podem se beneficiar de frequentar uma sala de aula que os estimule a refletir, sozinhos e juntos, sobre a experiência que adquiriram no trabalho (como discutiremos no Capítulo 6). Mas essa experiência pode ser tão variada, como veremos adiante, que o foco dessa sala de aula deve ser mais os gerentes aprendendo com sua própria experiência do que os professores ensinando-lhes teorias.

CAPÍTULO 4
GERENCIANDO DE TUDO QUANTO É JEITO

As variedades desconhecidas da gestão

Não existe um "genérico" em gestão; não há "o melhor jeito" de gerenciar. De fato, repetimos que as pessoas que se acham preparadas para gerenciar qualquer coisa em geral não conseguem gerenciar nada. A gestão depende muito do contexto. Passe algumas horas com alguns gerentes e você provavelmente ficará impressionado com como esse trabalho pode ser variado: o diretor de um banco visitando agências; um delegado da Cruz Vermelha lidando com tensões em um campo de refugiados; um maestro de orquestra no ensaio e depois na apresentação; o chefe de uma ONG ambiental se envolvendo em planejamento formal enquanto enfrenta um desafio político. **A gestão é quase tão variada quanto a própria vida, pois trata de muito do que acontece na vida em si.**

Os últimos dois capítulos examinaram o conteúdo e as características comuns da gestão. Este, por sua vez, olha para sua espantosa variedade. Como descobrir ordem na diversidade que vemos?

As principais fontes de variedade discutidas aqui são: contexto externo (cultura a nível nacional, setor, indústria); forma da organização (empreendedora, profissional, etc.), assim como sua idade e tamanho; nível do cargo na hierarquia e trabalho supervisionado; pressões temporárias sobre o serviço; e pessoa no cargo (histórico, estabilidade, estilo pessoal).

GESTÃO – UMA PRÁTICA POR VEZ

A tendência, tanto na pesquisa quanto na prática, é de tentar compreender isoladamente a gestão de cada um dos fatores citados. Por exemplo, como o gerenciamento no "alto" difere daquele no "meio", ou como se compara o gerenciamento feito no governo com aquele em empresas, ou aquele praticado na China em relação ao da Índia? Entretanto, quando considerei os 29 dias de gestão que estudei, foi surpreendente o quão insignificantes (e até ambíguos) eram muitos desses fatores comuns na maioria desses trabalhos:

> *Importava que Bramwell Tovey, como maestro da Sinfônica de Winnipeg, fosse britânico ou regesse no Canadá? Ele era um "alto" gerente, mas também um supervisor de primeira linha, pois era uma organização pequena. E quanto a seu estilo pessoal? Isso era um fator – sempre é um fator –, mas tinha mais relação com como Bramwell gerenciava do que com o que ele fazia como gerente. Ele regia a orquestra, como os outros maestros. Os dois fatores que pareciam especialmente elucidativos eram a indústria (a saber, o fato de que aquela era uma orquestra sinfônica) e a forma da organização (de profissionais altamente qualificados).*

Eu concluí que, embora não possamos desprezar nenhum desses fatores, visto que cada um parece ter tido uma forte influência sobre *alguns* desses dias de gestão, **o que podemos desprezar é o esforço de compreender a gestão de** cada um dos fatores por vez. Esses fatores, portanto, devem ser considerados juntos, uma prática por vez.

A primeira seção deste capítulo examina brevemente evidências de cada um desses fatores, enquanto a segunda se foca em um fator em particular: o estilo pessoal. A terceira considera-os juntos, em termos das posturas que os gerentes parecem adotar (como "manter o fluxo de trabalho" ou "gerenciar a partir do meio"). Já a seção final fala sobre a "gestão além do gerente".

O CONTEXTO EXTERNO DA GESTÃO

Todo trabalho gerencial está situado em algum contexto externo – isto é, seu meio cultural, seu setor em geral e sua indústria em particular.

A cultura externa

Muitos de nós gostamos de pensar que vivemos em um lugar de cultura única, com seu próprio estilo gerencial predominante. Porém, vários estudos mostraram que existem semelhanças impressionantes na prática da gestão em diferentes culturas. A cultura certamente tem importância, mas costumamos exagerar nossas diferenças. Nos 29 dias do meu estudo, vi a cultura como um fator determinante em apenas dois dias:

> *Abbas Gullet e Stephen Omollo estavam nos Campos da Cruz Vermelha na Tanzânia devido a acontecimentos trágicos ocorridos próximos à fronteira, em Ruanda. Isso teve um grande efeito sobre sua gestão, tornando-os hipersensíveis a respeito da segurança, enfatizando, portanto, o papel de controle. Em contraste a isso, os dois australianos que observei na sede do Greenpeace, em Amsterdã, poderiam trabalhar em qualquer lugar, já que o meio cultural do Greenpeace é o mundo inteiro. John Cleghorn, como chefe do Royal Bank of Canada, e Max Mintzberg, cofundador de uma rede de lojas de telefone em Montreal, tiveram dias bem diferentes, apesar de ambos serem canadenses.*

O setor

Os 29 gerentes vinham de todos os setores: negócios, governo, saúde e setor plural (por exemplo, ONGs). Isso é uma chave para compreender o trabalho gerencial?

Certamente havia pressões competitivas (econômicas) em todas as organizações de setor privado do meu estudo, mas elas pareciam significativas em somente três dos seis dias. No setor público, pressões políticas intensas foram evidentes em apenas um dos nove dias. Na realidade, a política mais intensa foi encontrada nos dias com Rony Brauman, da Médicos sem Fronteiras, e Paul Gilding, diretor executivo do Greenpeace, ambos do setor plural. Na saúde, a natureza profissional do trabalho claramente influenciava os gerentes próximos às operações, mas não tinha tanta influência naqueles que trabalhavam em escalões mais altos da hierarquia (como será discutido mais além). Isso parece nos mostrar que tratar um setor como superior ("os negócios sabem mais das coisas") dificilmente faz sentido quando a prática gerencial nos próprios negócios varia tanto.

A indústria

Usando o termo *indústria* em sentido amplo (como em "indústria das orquestras"), vemos que obviamente há um grande espectro de indústrias nas quais gerentes trabalham. Isso ficou claro em 12 dos 29 dias – por exemplo, produção de cinema no dia de Carol Haslam e regência orquestral no dia de Bramwell Tovey. Todavia, o efeito da indústria era mais forte nos gerentes de primeira linha, mais próximos dos trabalhadores e dos usuários, e menor nos níveis médio e sênior.

A NATUREZA DA ORGANIZAÇÃO

Aqui, examinamos diversas características relacionadas à organização: a forma da organização, sua idade e tamanho, o nível da função na hierarquia e o trabalho supervisionado.

A forma da organização

É interessante que o tipo da organização mostrou ser, de longe (em 20 dos 29 dias), o fator mais importante para compreender o que os gerentes desse estudo faziam. Mas esse fator costuma ser ignorado. Por quê?

Imagine a biologia sem vocabulário para discutir espécies: como distinguir, por exemplo, castores de ursos sem uma palavra que vá além de mamífero? Esse é o estado em que estamos quando se trata de organizações: temos pouco vocabulário que vá além da palavra "organização". Como um diretor executivo pode explicar a um consultor ou membro do conselho que "você está nos tratando como um tipo X de organização, mas na verdade somos um tipo Y" quando não há palavras comumente compreendidas para X e Y?

Em trabalhos anteriores[2], eu propus seis formas básicas de organização:

Organização empreendedora: centralizada em torno de um único líder, que atua bastante.

---

[2] Introduzido em Mintzberg (1979 e 1983), sendo mais acessível em 1989 (Parte II; vide também Mintzberg 2007; Capítulo 12, sobre como cada forma tende a criar suas estratégias).

Organização maquinal: formalmente estruturada, com tarefas operacionais repetitivas e simples, além de gerentes se envolvendo com uma quantidade considerável de controle.

Organização profissional: criada em torno de profissionais que fazem o trabalho operacional em grande medida sozinhos, enquanto o gerente se concentra mais no exterior, fazendo conexões e atuando para dar apoio e proteção aos profissionais.

Organização de projeto (ad-hocracia): criada em torno de equipes de projeto compostas por especialistas que inovam e cujos gerentes de projeto se concentram em liderar para criar as equipes, fazer para auxiliar o trabalho do projeto e estabelecer ligações para conectar as diferentes equipes, enquanto os gerentes seniores se envolvem fazendo conexões e atuando para trazer novos projetos.

Organização missionária: dominada por uma cultura forte, com os gerentes enfatizando a liderança para otimizar e sustentar a cultura.

Organização política: dominada por conflito, com os gerentes às vezes enfatizando o fazer e o tratar na forma de combate a crises.

Tais inclinações eram evidentes na produção de cinema (organização de projeto) e varejo (organização empreendedora), mas **o impacto mais forte da organização sobre a gestão se manifestou nas organizações profissionais, especialmente para seus gerentes próximos aos profissionais operacionais** – por exemplo, gerentes de enfermagem, medicina e da orquestra.

Idade e tamanho da organização

Seria de se esperar que a gestão de organizações pequenas e jovens fosse mais intensa e menos formalizada. Não é bem assim.

> *De fato, Max Mintzberg gerenciava uma pequena e jovem rede de varejo, enquanto John Cleghorn gerenciava de um modo mais formal um banco grande e tradicional. Por outro lado, uma orquestra é uma organização pequena, ainda que composta por uma única grande unidade, e a mais nova delas se ajuste a séculos de protocolo formalizado. O imenso tamanho do National Health Service da Inglaterra certamente influenciava o trabalho de seu diretor executivo, mas o trabalho de seus gerentes médicos e de enfermagem seria muito diferente se estivessem em hospitais independentes, mesmo que pequenos?*

O nível na hierarquia

Nível diz respeito à localização do cargo na hierarquia formal de autoridade – "alto", "médio" e supervisão de primeira linha na base (nunca chamada de "baixo"!). Tudo isso, é claro, refere-se à localização em uma tabela impressa em um papel. **Não saia necessariamente procurando gerência média no meio de alguma coisa, ou alta gerência "no alto das coisas".**

Nossa crença geral é de que quanto mais alto o nível do gerente, mais desestruturada e de longo alcance é a função que ele desempenha. Se for assim, como observado no Capítulo 1, por que Gord Irwin, no Escritório da Região Frontal do Parque Nacional Banff, estava tão preocupado com o impacto ambiental de um estacionamento, enquanto Norm Inkster, como chefe da RCMP, assistia a trechos dos noticiários do dia anterior para evitar perguntas constrangedoras a seu ministro no Parlamento?

Gerentes fazem o que têm que fazer, não o que a teoria lhes manda fazer. Quem mais da RCMP poderia ter feito o que Norm Inkster fez naquele dia?

Quanto à gerência média, ela vem sendo atacada de alguns anos para cá, acusada de ter sido esquecida e, portanto, sujeitada a repetidos "enxugamentos" (*downsizing*) em muitas empresas – uma forma contemporânea da sangria, a cura para todas as enfermidades empresariais. Como é possível que tantas empresas tenham descoberto, todas ao mesmo tempo, o problema? Os gerentes seniores estavam tão desatentos?

Mais uma vez, as generalizações simples não funcionam. Como Quy Huy do Insead apontou, **gerentes médios muitas vezes são "muito melhores do que a maioria dos executivos seniores (...) na alavancagem da rede informal (...) o que torna possível uma mudança duradoura considerável"**. Eles sabem "onde estão os problemas", mas também conseguem "fazer uma leitura de cenário" (2001:73).

> *Doug Ward, gerente da estação de rádio CBC em Ottawa, atuava entre as operações concretas de programação radiofônica e os meandros da hierarquia formal da corporação. "É legal trabalhar no ponto de contato", disse ele. Graças à sua experiência anterior (ele fora chefe de toda a rede radiofônica), Doug podia desafiar o resto da organização e agir de maneiras benéficas para ela – por exemplo, ajudando a criar um novo programa de rádio posteriormente adotado pela rede.*

O trabalho supervisionado

Se diretores executivos gerenciam organizações inteiras, o que os outros gerentes gerenciam? Funções, projetos e grupos de *staff*, entre outros.

A palavra *função* é geralmente usada para descrever os componentes clássicos dos negócios: produção, marketing, vendas e assim por diante. Porém, a função deve ser vista de um modo mais genérico, como um componente em uma cadeia de atividades operacionais: vendas em uma empresa fabril é uma função porque não se sustenta sozinha, assim como enfermagem ou medicina em um hospital. A função figurou com destaque em sete dos 29 dias que estudei.

AS PRESSÕES TEMPORÁRIAS DA GESTÃO

Em seguida, chegamos às condições momentâneas, à situação presente: uma greve, uma fusão, um processo judicial, um súbito ataque da concorrência e assim por diante.

Pesquisas de referência apontam que crises – falência iminente, hostilidades súbitas, queda de uma moeda – podem fazer uma organização centralizar poder de forma que uma pessoa aja rápida e decisivamente, sobretudo atuando nos papéis de *fazer* e *controlar*.

Surpreende que tais pressões temporárias tenham parecido proeminentes em apenas sete dos 29 dias. Isso anula a conclusão anterior de que gerentes reagem em tempo real às pressões presentes? Acho que não. Em vez disso, as pressões da gestão muitas vezes não são nada temporárias, mas perpétuas. Em outras palavras, pressão nesse trabalho é o negócio de sempre. Por exemplo, Brian Adams, da Bombardier, não estava em um trabalho clássico de "gestão por exceção": seu trabalho era a gestão das exceções.

Vale mencionar aqui o modismo como um fator temporário. Parecido com o politicamente correto, existe o "gerencialmente correto": o jeito de praticar gestão em um dado momento. Aqui, encontramos o sabor gerencial do mês, por assim dizer (na verdade seria "o gostinho de alguns meses de gerenciamento"). Por exemplo, ao longo do tempo, em relação à gestão de pessoas: relações humanas, gestão participativa, Teoria Y, qualidade de vida profissional, gestão de qualidade total, empoderamento.

Esses modismos podem influenciar o trabalho gerencial temporariamente, ao menos para aqueles gerentes inclinados a seguir a maioria. Há também estilos gerenciais que se tornam modismos, como a "liderança heroica", hoje tão em voga no nível dos CEOs. No entanto, o modismo não ficou muito em evidência nos 29 dias em que observei gerentes. Em contraste, como observado, Bramwell Tovey se conformava com uma tradição histórica no campo da música orquestral.

A PESSOA NO CARGO

Entre todos os fatores, a maior atenção foi, de longe, a conferida aos "estilos" dos gerentes – isto é, a maneira como eles realizam seu trabalho, para além das demandas do cargo e da organização. Estilo, em outras palavras, é o que o titular *faz do* trabalho, em oposição a simplesmente *fazer o* trabalho. Assim, o presidente Truman "adorava tomar decisões", o que ele fazia rapidamente, já o presidente Eisenhower tinha uma "disposição" a se manter afastado delas (Dalton 1959:163).

O estilo é resultado de caráter ou de experiência, natureza ou cultivo? A resposta, é claro, deve ser ambos. Discutiremos primeiro o cultivo, sob a forma do histórico e da estabilidade do gerente.

Então, consideraremos diferentes estilos pessoais de gestão, sejam influenciados por natureza ou por cultivo.

O histórico do gerente

O histórico do gerente pode envolver educação, cargos anteriores, sucessos, fracassos, entre outras experiências. Embora o histórico obviamente influenciasse todos os 29 gerentes do estudo que realizei, ele pareceu significativo em apenas seis casos, devendo-se à educação em todos menos um: John Tate, do Departamento de Justiça Canadense, com seu histórico em Direito, e Ann Sheen, Fabienne Lavoie e os Drs. Thick e Webb, todos com históricos profissionais em Enfermagem ou Medicina.

A estabilidade do gerente

A estabilidade no cargo, na organização e na indústria foi vista como fator significativo em nove casos. Por exemplo:

> Abbas Gullet entrou para a Cruz Vermelha na juventude, assistiu a conferências internacionais na adolescência e depois trabalhou na sede central da organização. Portanto, ele conhece a instituição intimamente, o que era evidente em especial no modo como ele fazia a ponte entre a unidade operacional na Tanzânia e a sede em Genebra. Paul Gilding, do Greenpeace, e Sandy Davis, dos parques canadenses, ambos em seus cargos havia não muito tempo, prefeririam planejamento formal. Pode-se concluir que gerentes utilizam esse tipo de planejamento para ter uma ideia do trabalho novo? Talvez apenas às vezes, pois Alan Whelan, da BT, também novo no cargo, não parecia ter essa inclinação.

Alguns estilos pessoais de gestão

Pense em todos os estilos pessoais possíveis em gestão. Por exemplo: voltado a pessoas ou a tarefas, inclinado à mudança ou a manter continuidade, de longo ou de curto prazo. É impossível discuti-los todos, então focarei em três que me parecem particularmente significativos: quão proativo o gerente é; se o gerente se vê no alto, no centro ou em toda parte; e se o gerente se inclina à arte, ao ofício ou à ciência ao praticar gestão.

Proatividade. É interessante notar que, **se houve um fator que se destacou nesses dias de observação, foi a proatividade: até que ponto os gerentes utilizavam os graus de liberdade que conseguiam obter para promover mudança ou reforçar estabilidade.** Abbas Gullet, por exemplo, era tão pró-ativo quanto qualquer gerente desse estudo, mas para fins de estabilizar os campos de refugiados, enquanto que Alan Whelan, por exemplo, buscava promover mudança na BT. O que me chamou a atenção foi a propensão de vários dos 29 gerentes a agir em face de grandes limitações:

> Peter Coe, gerente-geral distrital na complicada estrutura do National Health Service da Inglaterra, era um exemplo de primeira. Acima dele estava sua vasta hierarquia, enquanto que, abaixo, muito da atividade que ele deveria gerenciar estava fora de seu controle direto (médicos independentes, hospitais dos quais seu distrito deveria "comprar" serviços, etc.). A estrutura do seu trabalho era um bocado vaga e, apesar de parecer imposta, Peter na verdade parecia ser profundamente pró-ativo no dia observado.

No alto, no centro ou em toda parte. Outra dimensão que parece crucial é onde o gerente se vê em relação aos outros na unidade.

Alguns gerentes se *veem* no alto – da hierarquia de autoridade –, mas também metaforicamente: acima de quem se reporta a eles, tendendo, então, a dar considerável atenção ao papel de controle.

Outros gerentes se veem no centro de um eixo (*hub*), com as atividades girando ao seu redor. Isso parecia se aplicar para diversas das mulheres em meu estudo. Em *The Female Advantage: Women's Ways of Leadership*, Sally Helgesen escreveu que as gerentes "costumavam se referir a si mesmas como estando no meio das coisas. Não no alto, mas no centro; não se abaixando, mas se esticando" (1990:45-46). A diferença de gênero mais pronunciada se fez patente em dois dos dias que passei em Paris, discutidos no quadro a seguir.

O yin-yang da gestão

Rony Brauman era chefe da Médicos sem Fronteiras, e Catherine Joint-Dieterle era responsável pelo museu de moda, ambos em Paris. Os dois ocupavam salas minúsculas e se locomoviam sobre duas rodas, mas rodas bem diferentes: em um caso, uma motocicleta; no outro, uma *scooter*, refletindo o ritmo de seus trabalhos. Ambos eram profundamente envolvidos, mas uma era muito menos impulsionada, por assim dizer.

A Médicos sem Fronteiras percorre todo o mundo, lidando com crises de forma intermitente. Ela vai onde o mundo está doente, tenta curá-lo (ou ao menos aliviá-lo) e depois vai embora. O museu de moda em Paris fica no mesmo lugar e coleciona objetos de família, podendo ficar com eles para sempre.

Em um caso, a gestão dançava conforme a música (a de hoje, ao menos), intensa e agressiva, como yang; no outro, cultivadora e inspiradora, como yin.

A Médicos sem Fronteiras não *mexe com* medicina, apenas: ela *é como* a medicina. A organização toma decisões de forma categórica (tratar uma crise ou retirar tratamento dela), preferindo o agudo ao crônico e costumando se retirar quando a situação se estabiliza. Não por coincidência, seu chefe era um médico. No dia observado, Rony também praticava gestão como medicina – como cura interventiva. Nesse dia, seu trabalho foi sobretudo externo: correndo por Paris para dar à mídia entrevistas com o objetivo de promover uma perspectiva política sobre o país no qual a organização estava trabalhando. ▶

> O museu conservava tanto roupas como um legado. Sua líder era comumente chamada "Conservadora-Chefe". Seu trabalho nesse dia foi mais interno, fazendo muitas coisas de forma minuciosa. Ela operava com as mãos na massa, literal e figurativamente. Quando ela falou sobre a relação íntima das roupas com o corpo, poderia muito bem ter usado isso como uma metáfora para a relação da missão da organização com seu próprio corpo – isto é, preservar o legado do vestuário francês em sua estrutura cuidadosamente tramada.
>
> Dizem que yin e yang, as duas "grandes forças cósmicas", não podem existir uma sem a outra. Na dualidade, encontra-se a unidade: deve haver luz nas sombras, e sombra na luz. Se se alcança harmonia quando yin e yang são equilibrados, então pode-se alcançar um reequilíbrio em gestão?

O gerente no alto (de uma hierarquia)

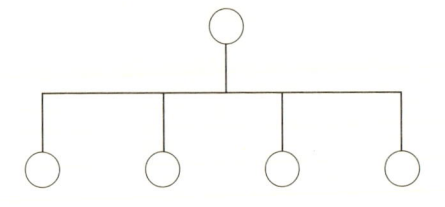

O gerente no centro (de um eixo)

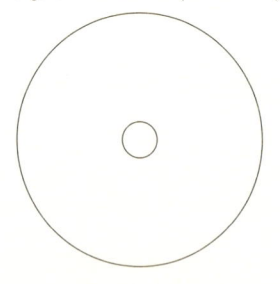

O gerente em toda parte (de uma teia)

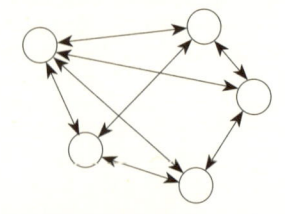

Figura 4   Percepções do lugar do gerente.

Também há os gerentes que se veem não no alto de uma hierarquia ou no centro de algum tipo de eixo, mas em toda parte de uma teia de atividades. Atualmente, falamos muito sobre organizações como redes e teias de atividades interativas. Bem, imagine isso, como na Figura 4, e pergunte-se onde fica o gerente nessa estrutura. No alto? Um gerente no alto de uma rede está fora dela. No centro? Um gerente no centro de uma rede a *centraliza* – ou seja, puxa seus padrões de comunicação em sua direção.

Assim, para gerenciar uma rede, como em uma organização de projeto, o gerente deve atuar em toda parte e se ver dessa forma. Em outras palavras, o gerente tem que estar em todos os lugares. Isso sugere que haja preferência por fazer conexões mais do que liderar, tratar mais do que fazer e convencer mais do que controlar.

Estilos como arte, habilidade prática e ciência. Como modelo para identificar diferentes estilos de gestão, prefiro o triângulo arte-habilidade prática-ciência apresentado no Capítulo 1. Como exibido na Figura 5, próximo à ciência fica o que pode ser chamado estilo cerebral – deliberado e analítico. Há muito ele é influente nos negócios, talvez agora mais do que nunca. Próximo à arte fica o que pode ser chamado de estilo perspicaz (*insightful*) – de natureza intuitiva, ocupado com ideias e visões. E próximo à habilidade prática fica o que pode ser chamado de estilo engajador – prático e útil, arraigado na experiência.

Atenção excessiva a qualquer desses estilos pode levar a uma gestão desequilibrada. Como também consta na Figura 5, o estilo cerebral pode se tornar *calculista* (apegado demais à ciência, à análise); o estilo perspicaz, *narcisista* (a arte

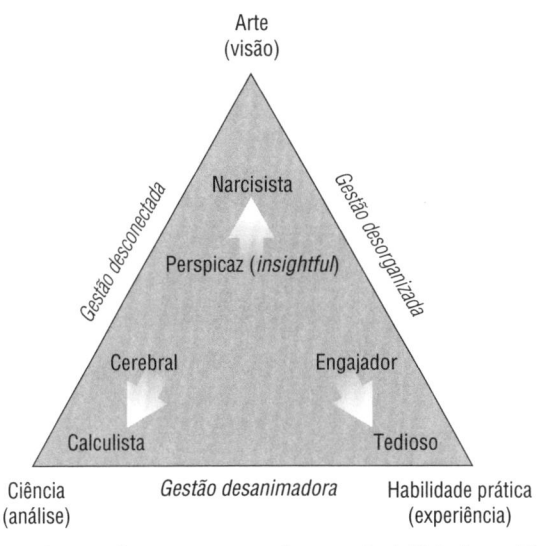

Figura 5 Estilos de gestão em termos de arte, habilidade prática e ciência.

pela arte); e o estilo engajador, *tedioso* (gerentes hesitando em se aventurar além de sua própria experiência). Mesmo uma combinação de dois desses estilos sem o terceiro pode ser problemática, como mostrado nas três linhas do triângulo: um estilo *desorganizado* (sem ciência), um estilo *desconectado* (sem habilidade prática) e um estilo *desanimador* (sem arte).

Assim, o lugar para se estar é dentro do triângulo: **gestão eficaz exige uma certa mescla de arte, de habilidade prática e de ciência, seja apenas na pessoa do gerente ou em uma equipe de gestão trabalhando junta.** Em outras palavras, **gestão pode não ser uma ciência, mas precisa de um pouco da ordem da ciência, estando enraizada no sentido prático da habilidade prática, além de um pouco do pique da arte.** Um instrumento que desenvolvi com Beverley Patwell, consultora na Colúmbia Britânica, pode ajudá-lo a constatar seu próprio estilo e o de seus colegas (Figura 6).

Colocando o estilo no seu lugar. Descrevi o dia de Carol Haslam na produtora de cinema como tratamento pesado e liderança leve. Os substantivos são o que ela fazia; os adjetivos, como ela o fazia.

Um subalterno pede ajuda a um gerente. A resposta pode vir como o "o que fazer", em termos de papel a ser desempenhado: "Por que não fala com Sally sobre isso?" (comunicação); ou: "Deixe comigo" (fazer). Em cada uma das situações, pode estar acrescido o "como fazer". Por exemplo, em relação à resposta de comunicação: "Na minha experiência, Sally vai ficar desconfiada com isso" é bem diferente de: "Diga a Sally que sentimos falta dela: isso vai ajudar". Então, como o estilo pessoal afetou aqueles 29 dias? Muito menos do que se poderia esperar.

	Ideias	Experiências	Fatos
Pense em como você gerencia em seu trabalho. Em cada fileira, circule uma das três palavras (a que melhor o descreve). Após terminar, some o que você circulou em cada uma das três colunas. (A soma deve ser 10.)	Intuitivo	Prático	Analítico
	Coração	Mão na massa	Cabeça
	Estratégias	Processos	Resultados
	Inspirador	Engajador	Informativo
	Apaixonado	Solícito	Confiável
A primeira coluna representa arte, a segunda, habilidade prática, e a terceira, ciência.	Original	Realista	Determinado
	Imaginar	Aprender	Organizar
	Enxergar	Fazer	Pensar
	"As possibilidades são infinitas!"	"Considere-o feito!"	"Perfeito!"
Pontuações totais			

Figura 6 Determinação do seu estilo pessoal de gestão em termos de arte, habilidade prática e ciência.

Embora o estilo pessoal influenciasse a maneira *como* todos esses gerentes faziam seu trabalho, ele parecia ter um efeito surpreendentemente limitado sobre *o que* o trabalho era. A gerente de enfermagem Ann Sheen era rápida; o presidente do GSI, Jacques Benz, era reflexivo; Catherine Joint-Dieterle era yin; e Rony Brauman era yang. Porém, quando repassei os 29 dias e me perguntei se esses "comos" eram um determinante crucial do que os gerentes fizeram naquele dia, a resposta, com algumas exceções, foi "não".

> *O tratamento de Carol Haslam pode ter sido pesado, e sua liderança, leve, mas esperaríamos que a chefe de outra produtora de cinema semelhante se concentrasse em papéis diferentes? E quanto a Bramwell Tovey, a predisposição pessoal tinha muito efeito sobre o que ele fazia, sobre o pódio ou fora dele?*

Por que foi desse jeito, se é dedicada tanta atenção a estilos gerenciais? Porque **o que você faz como gerente é determinado predominantemente pelo que você enfrenta como gerente, o que não independe de quem você é como pessoa.**

> *Bramwell Tovey foi para a música, e dela para um posto de maestro, devido à sua disposição natural. Norm Inkster sem dúvida foi atraído à RCMP por causa da cultura desta, tornando-se chefe, em boa parte, porque essa cultura vinha ao encontro de seus interesses.*

É claro, quem você é ajuda a determinar o que você acaba encarando. Não era por acaso que Carol Haslam estava em uma posição que exigia considerável tratamento externo, e que a gerente de enfermagem Fabienne Lavoie estava em uma posição que exigia intensa liderança interna (imagine Carol e Fabienne uma no trabalho da outra).

Vou reiterar: **estilo pessoal é importante, sem dúvida. Mas isso parece dizer mais respeito a** *como* **os gerentes fazem as coisas, inclusive as decisões que tomam e as estratégias que moldam, do que a** *o que* **eles fazem como gerentes.**

O gerente é um camaleão? Em um artigo da *Harvard Business Review* intitulado "Leadership That Gets Results" ("Liderança que consegue resultados"), Daniel Goleman afirmava que, parecidos com "o arsenal de tacos na sacola de um profissional do golfe", os estilos gerenciais podem ser escolhidos "com base nas exigências da tacada. (...) O profissional percebe o desafio à frente, velozmente puxa a ferramenta certa e elegantemente a põe em funcionamento. É assim também que líderes de alto impacto operam" (2000:80).

Eu discordo. A presunção de que podemos trocar de comportamentos como mudamos de tacos de golfe (algo antigo em muito da psicologia aplicada e desenvolvimento de gestão) deve ser submetida a exame.

> *Leve em consideração Marc, diretor executivo de um hospital. Olhando externamente, ele era um defensor de sua instituição, fazendo seu lobby com aparente*

eficácia. Mas voltando-se e agindo dentro da unidade, Marc enfrentava toda uma horda de defensores da instituição, todos preocupados com seus próprios interesses. Assim, o mesmo estilo que o tornava eficaz externamente pode ter lhe causado problemas internamente. Exceto, é claro, se ele conseguisse puxar um taco diferente – na metáfora mais comum, trocar de cor, como um camaleão. O durão, agressivo, defensor ("respeitado", "impositivo") tinha simplesmente que se tornar, digamos, "associativo", "democrático" (nos termos dos estilos apresentados por Goldman). Para seu infortúnio, porém, não era uma questão de por de lado um taco driver em favor de um putter, mas de trocar boxe por badminton.

Recorde que, embora camaleões troquem de cor, eles não mudam de habitat. Na realidade, tudo que fazem de fato é se esconder. Pode funcionar para eles em um contexto limitado, mas por quanto tempo isso pode funcionar para gerentes? **O gerente eficaz pode ser aquele cujo estilo natural se encaixa no contexto, mais do que aquele que troca de estilo para se encaixar no contexto (que dirá o dito gerente profissional, cujo estilo supostamente se encaixa em todos os contextos).**

Sem dúvidas, todos conseguimos nos adaptar um pouco. Mas apenas dentro de alguns limites. É terrivelmente destrutiva, apesar de sua popularidade atual, a crença de que a organização tem que se adaptar ao estilo de seu diretor executivo. Fazendo isso, pode-se passar por cima de aspectos importantes da organização, como sua cultura. **Esperar que o titular se conforme rigidamente às necessidades da posição gerencial pode ser burocrático, mas dar-lhe carta branca para *fazer* da posição o que ele bem entender é tão ruim quanto.** Logo, assim como todo gerente tem que *fazer algo do* trabalho, ele também tem que *fazer* o trabalho.

Um professor de pedagogia uma vez me indagou o que eu achava da atual prática norte-americana de nomear oficiais reformados do exército como chefes de sistemas escolares. Boa ideia, respondi, desde que o país esteja preparado para que diretores de escola aposentados mandem no exército.

POSTURAS DE GESTÃO

Como vimos em todo este capítulo, os vários contextos da gestão não são independentes, mas entremeados. No caso de Max Mintzberg, por exemplo, uma firma jovem, pequena e competitiva, com uma forma de organização empreendedora, dava a seu diretor uma margem relativamente ampla para agir. Ao mesmo tempo, também criava pressões consideráveis sobre o serviço, levando a um ritmo frenético, com muito a fazer e a tratar – o que ia de encontro à natureza de Max. Se desejarmos desenvolver uma compreensão sólida das variedades da gestão (para fins de selecionar, desenvolver e avaliar gerentes), precisamos de uma classificação coerente das posturas de gestão que combinam esses contextos. Utilizando o que vi naqueles 29 dias de gestão, desenvolvi uma classificação assim, compreendendo 12 posturas, como visto nas seções que seguem.

Manutenção do fluxo de trabalho

Vários gerentes claramente se concentravam em manter o fluxo de trabalho básico, para que as operações fossem adiante sem percalços. **Esses gerentes preservam um equilíbrio dinâmico para manter a organização no rumo, uma postura que tem a ver mais com sintonia fina do que com grandes renovações.**

Poderíamos esperar essa postura de gerentes de linha de frente em organizações maquinais (Stephen Omollo nos campos de refugiados), mas também a vi em organizações profissionais (Fabienne Lavoie no hospital) e até mesmo no nível de gerência média (Abbas Gullet nos campos de refugiados) e de diretores (Bramwell Tovey mantendo o fluxo básico da música).

Isso é gestão "com a mão na massa", com habilidade prática, com o *agir* como papel-chave, embora a *comunicação* também seja significativa – atuando para que nada saia do rumo.

Conexão externa

No outro extremo está a postura que conecta com a realidade externa à organização mais do que estabelece controle dentro dela. Em termos formais, **esses gerentes mantêm a situação fronteiriça de sua organização**. Pode-se esperar isso especialmente nos níveis seniores, como vi com Rony Brauman, da Médicos sem Fronteiras, Carole Haslam, da Hawkshead Films, e Marc, do hospital – todas organizações de trabalhadores do conhecimento. O foco dessa postura é, obviamente, os papéis externos de *estabelecer ligações* e *tratar com pessoas de fora da unidade*; aqui, encontramos os negociadores por excelência e também os *networkers* mais empolgados. Há um bocado de arte nesta postura.

Mescla de tudo

Esta terceira postura inclui aspectos das duas primeiras e mais. Esses gerentes estavam próximos ao fluxo de trabalho interno, mas também se conectavam significativamente com o mundo externo e, mais importante: mesclavam as duas atividades.

Esperaríamos que essa fosse uma postura dos diretores, mas isso não se verificou. **A maioria estava na gerência média, talvez o melhor lugar para integrar as atividades de uma organização. Todos exceto um estavam altamente envolvidos em trabalho de projeto,** o que pode ser bastante autônomo e exigir sobretudo uma gestão muito completa.

Por causa da importância de suas relações laterais, esses gerentes não podiam se dar ao luxo de se ver no alto ou mesmo no centro, mas precisavam estar em toda parte: eles tinham que buscar e trabalhar por meio de redes extensas. De fato, superiores e seus subordinados podem facilmente se confundir com parceiros e sócios nessa postura, como foi observado no trabalho de Brian Adams na Bombardier.

Essa é uma postura de conexões entre diferentes papéis, mas diferentes principais incluem *tratar com pessoas externas à unidade* e *agir*, ambos aliados à muita *comunicação*. Essa postura parece ser a mais próxima ao estilo de gestão como habilidade prática – mais facilitação do que direção.

Controle remoto

As três próximas posturas descrevem diferentes modos nos quais especialmente gerentes seniores de grandes organizações tentam penetrar nas hierarquias, a fim de colocar suas próprias marcas em toda a organização.

Controle remoto descreve uma postura de gestão guiada pela ideia de "mãos fora da massa", operando analiticamente no plano da informação. Aqui, os gerentes se veem no alto e dão preferência ao papel de *controle*, seja quando eles mesmos tomam decisões ou quando deliberam sobre o desempenho esperado dos outros.

Paul Gilding era novo como cabeça do Greenpeace e parecia estar tentando usar o planejamento formal para manter as coisas sob seu controle. Ironicamente, embora estimulasse os demais a fazer mais com a mão na massa, Paul conscientemente evitava isso para si (apesar de ser vigorosamente incitado a fazê-lo por um funcionário no dia observado).

Seria de se esperar que o *controle remoto* estivesse no topo de organizações grandes e maquinais, mas eu o vi também no trabalho dos doutores Webb e Thick na base de seus hospitais. Ambos eram gerentes de meio turno, mais envolvidos com suas atividades clínicas e/ou de pesquisa (nas quais demonstravam uma orientação mais de habilidade prática). Logo, nos dias observados, eles fizeram sua gestão bem brevemente, em boa parte autorizando as decisões dos outros, no papel de *controladores*.

Fortalecimento da cultura

Também especialmente para gerentes seniores, mas de forma muito diferente, vem esta postura de arte e habilidade prática, que é exercida por meio de envolvimento pessoal, e não controle impessoal. **O objeto desta postura é fortalecer a cultura da organização (seu senso de comunidade), de modo que se possa confiar que as pessoas realizem suas funções corretamente.**

Liderar é o papel-chave aqui, reforçado por uma boa dose de *comunicação* e combinado com a *ligação* com pessoas de fora da unidade para proteger as organizações de distúrbios externos. Esses gerentes provavelmente se veem no centro das coisas, e não no alto, com a cultura se agitando ao redor.

Tal postura se fez mais presente no dia que passei com Norm Inkster, comissário da RCMP. As consequências dessa postura assumida por ele foram evidentes nos dias que passei com dois outros oficiais da mesma corporação, nos níveis médio e operacional.

Essa situação ocorreu por uma combinação de fatores: uma missão nobre, uma história distinta e um diretor há muito tempo na posição e dedicado à sua cultura.

Intervenção estratégica

Outra postura da gerência sênior para penetrar na hierarquia é a **intervenção pessoal para conduzir mudanças específicas.** Jacques Benz demonstrou isso na GSI ao se envolver com projetos que achava que teriam impacto estratégico, e John Cleghorn, do Royal Bank, demonstrou ao mergulhar em questões operacionais sobre as quais tinha conhecimento.

O papel favorecido aqui obviamente é o de *agir*, reforçado por *controle* e *comunicação*. O estilo do gerente é voltado à habilidade prática, com base em experiência concreta. Por conseguinte, as estratégias costumam emergir mais de aprendizado informal do que de planejamento formal. Embora o gerente possa ser visto "no alto", conduzindo a mudança "de cima", ele tende a agir em toda parte, intervindo em diversos setores.

Gerenciando no meio

Em seguida, examinamos gerentes que ocupam posições exatamente no meio da hierarquia da unidade, mas adotam duas posturas muito diversas. Eles seguem o fluxo e gerenciam na posição em que se encontram ou resistem a ele e gerenciam a partir dessa posição, ou seja, a partir do meio da hierarquia.

A visão clássica vê o gerente médio entre os altos gerentes na hierarquia, ambos comprometidos em formular a estratégia, e os gerentes júnior abaixo deles, implementando a estratégia. **Comunicando e controlando no plano da informação, o gerente médio facilita o fluxo descendente de estratégias e transmite informações de desempenho hierarquia acima.** Assim, há relativamente menos a fazer e tratar, além de talvez menos necessidade de liderança. Essa é uma postura de análise que depende de planejamento, orçamento e outros sistemas formais. Logo, trata-se mais de manter estabilidade do que de promover mudança, com um ritmo de trabalho que talvez seja menos frenético do que o de algumas outras posturas, bem como mais formalizado.

Gerenciando a partir do meio

Como dito antes, a gerência média consiste em mais do que gerenciar no meio de uma hierarquia. Nesta postura, vi pessoas pró-ativas gerenciando *a partir do* meio.

> Alan Whelan, da BT, certamente estava no meio de uma extensa hierarquia, no meio de uma cultura em transição, assim como no meio de uma complicada questão gerencial com o dilema ético que ela trazia: ter que dizer a um cliente

importante que não conseguia fazer a gerência sênior aprovar seu contrato, enquanto ele seguia persuadindo a gerência a fazê-lo. Isso envolvia encabeçar uma mudança na empresa, encorajando a gerência sênior a reconhecer um novo mundo de telecomunicações. É interessante que, de todos os 29 dias de observação, sendo 12 deles com diretores executivos, foi nesse dia que ouvi a expressão mais articulada de estratégia.[3]

O gerenciamento a partir do meio foca os papéis externos de *fazer conexões* e *tratar*, fazendo uso especial das habilidades de negociação do gerente. Ali estavam gerentes que criavam coalizões para influenciar pessoas sobre as quais eles não tinham autoridade formal. Eu não vi muito controle aqui, ou liderança – ao menos não como preocupações centrais. Tal postura, talvez mais do que qualquer outra, apresentava a gestão no ponto mais próximo da arte.

Aconselhamento lateral

Este é o gerente como conselheiro, especialista, interventor, atuando mais com base em conhecimento do que em autoridade. **Se o gerente médio** *convencional* **fica no meio, esses gerentes conselheiros estão na lateral, buscando influenciar os outros.** Por conseguinte, não estão no alto, sequer no centro, podendo apenas almejar envolver-se em redes influentes.

Pode parecer uma postura de especialistas, em vez de gerentes, mas equipes de especialistas precisam de gerentes que às vezes ajam como especialistas. Além do mais, gerentes de linha às vezes são atraídos para esse papel orientador. Afora gerir o Departamento de Justiça Canadense, John Tate tinha que servir como assessor do ministro em questões de políticas e legislação.

Nesta postura, o estilo pessoal parece estar mais próximo da análise do que da arte ou da habilidade prática.

Os papéis de *fazer conexões* e *comunicar* têm proeminência em organizações que tendem a ser grandes, estáveis e um tanto formalizadas, onde o aconselhamento especializado é dado internamente.

O novo gerente

Para completar a exposição, duas outras posturas merecem ser citadas: uma é temporária e outra deveria sê-lo: o novo gerente e o gerente relutante.

Observei anteriormente que, **quando alguém se torna gerente pela primeira vez, tudo muda. Ontem, você fazia; hoje, você gerencia.** Isso pode ser

---

[3] Citando os comentários de Alan no dia da observação: "Os dias em que o fornecedor empurrava serviços, com os clientes apenas assinando, há muito passaram. Agora, clientes comerciais queriam serviços que satisfizessem suas necessidades específicas. O poder passara ao cliente. Serviços em rede, como os da BT, eram parciais, e o cliente procurava serviços 'integrais' por meio de um único contrato. Portanto, havia a necessidade de integradores para reunir *data center*, *desktop*, rede e outros serviços, exigindo que diferentes fornecedores colaborassem".

um choque e tanto. Mesmo um gerente experiente em uma posição nova precisa de um tempo para se ajustar e para desenvolver uma rede de contatos (*fazer conexões*). Isso o ajudará a obter a base necessária de informações (*comunicar*), o que possibilita executar ações (*agir* ou *tratar*).

Uma discussão pormenorizada dessa postura pode ser vista no livro *Becoming a Manager* (2003), de Linda Hill, cujas ideias foram citadas diversas vezes em nossa exposição. Hill apontou que entrar no mundo da gestão significa ter de lidar com a mudança abrupta de ser um especialista e um homem de ação para se tornar um generalista e um fixador de pautas, além de ter que parar de agir individualmente para se tornar um criador de redes que faz as coisas serem realizadas por meio do trabalho de outras pessoas (p. 6).

Hill escreveu que muitos dos novos gerentes que ela estudou "adotavam uma abordagem autocrática à gestão, com a mão na massa" (p. 99), porém logo descobriam os limites de sua autoridade formal: "Poucas pessoas pareciam estar seguindo suas ordens" (p. 100). Logo, esses gerentes "tiveram que aprender a liderar por persuasão, e não por direcionamento" (p. 100), e a descobrir "novos jeitos de medir o sucesso e de obter satisfação com o trabalho. Isso significava desenvolver uma identidade profissional inteiramente nova" (p. x).

O gerente relutante

Duas pessoas eram, a meu ver, gerentes relutantes: ambos, na verdade, gerentes em meio turno, de alguma maneira. O mais evidente era o Dr. Webb, chefe de geriatria do hospital que dispensava seus deveres gerenciais rapidamente para poder realizar seu trabalho clínico, que ele prezava:

> *Após uma hora intensa com sua "gerente de negócios", momento no qual ela fazia as perguntas e o Dr. Webb dava respostas rápidas enquanto bebia um cafezinho e fumava um cigarro depois do outro, ele saiu para suas visitas clínicas. Lá, se acomodou como um médico calmo, atento a seus pacientes, com tempo para todas as necessidades deles, relaxando também com a equipe de apoio. Café e cigarros não foram consumidos ou mencionados durante suas duas horas na ala.*

> *John Tate, do Judiciário, claramente era um gerente, embora mais do que isso; como observado anteriormente, também era assessor do ministro. Mas ele também era relutante acerca de seu gerenciamento, demosntrando isso claramente.*

Muito mais numerosos eram outros que estudei, que gostavam do trabalho de gerenciar – adoravam a ação, a influência, o ritmo, tudo. Nenhum expressou dúvidas reais quanto a ser um gerente, embora todos que ocupam essa posição devam reclamar dela às vezes, mesmo que apenas para seu cônjuge. Isso me parece realmente saudável. **Gestão não é um trabalho a ser visto com hesitação: ele exige demais de toda a pessoa.**

Posturas e propósitos para todos

Embora eu consiga associar a maioria dos 29 dias de gerenciamento a uma única postura, deve-se reconhecer que todos os gerentes adotam a maioria dessas posturas em algum momento. Isso porque todas essas posturas refletem os propósitos da gestão. **Todos os gerentes têm que se conectar externamente (com todo tipo de** *stakeholder*), manter o fluxo de trabalho (para manter as coisas no rumo, mesmo que somente em suas próprias salas) e até mesmo assumir o controle remotamente (quem consegue gerenciar sem um orçamento?). A maioria tem que dar atenção ao fortalecimento da cultura da organização, promover iniciativas estratégicas e, eventualmente, agir como especialista em seu próprio domínio. Todos os gerentes, não importa que posição ocupem na hierarquia, precisam gerenciar no meio (de uma complexa teia de forças influenciadoras), o que também significa que às vezes precisam gerenciar a partir desse meio. Assim, para operar com eficácia, todo gerente não apenas tem que combinar todas essas posturas, mas também deve mesclá-las todas, mesmo se costuma favorecer uma delas, provavelmente por causa das necessidades de sua atividade específica.

GERENCIAMENTO PARA ALÉM DO GERENTE

Até o momento, assumimos que gestão é, com bastante rigor, aquilo que os gerentes fazem. Mas o que **sempre é de alguma importância, e cada vez mais hoje em dia, é a gestão que ocorre para além do que é feito pelas pessoas chamadas de gerentes.**

Talvez haja duas razões para darmos maior atenção a isso. Uma é que, com o trabalho especializado e as redes ganhando predominância, o poder sobre certos tipos de tomada de decisão passa naturalmente a quem não é gerente. Na organização profissional, por exemplo, a maioria das estratégias parece resultar das iniciativas arrojadas dos próprios profissionais (*veja* Mintzberg 2007, Capítulo 10).

A segunda razão é que muitos de nós possuímos uma relação de amor e ódio com nossos gerentes. Às vezes, os vemos como a resposta a todos os nossos problemas; em outras, acreditamos que eles são a causa de todos esses problemas. A maioria de nós, acredito eu, adere a ambas as posições, dependendo da última vez em que nos deparamos com um gerente.

Tenha cautela com ambas as posições. **Não podemos nem desprezar os gerentes nem os idolatrar.** Como espero que nossa discussão até o momento tenha deixado claro, gerentes possuem deveres básicos a desempenhar nas organizações: eles dão um sentido de unidade, transformam informação em ação, representam sua unidade perante o mundo exterior e assim por diante. Mas **propósito organizacional, realização e responsabilidade envolvem muito mais do que o que os gerentes fazem.**

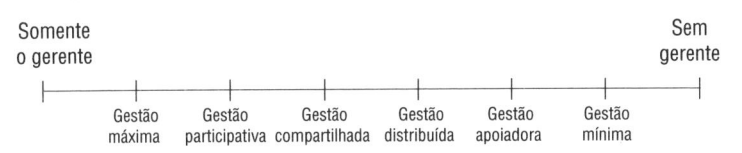

```
Somente                                                    Sem
o gerente                                                  gerente
|------+------+------+------+------+------|
      Gestão  Gestão    Gestão    Gestão   Gestão   Gestão
      máxima participativa compartilhada distribuída apoiadora mínima
```

Figura 7 **Gerenciando pelo e para além do gerente.**

Portanto, na Figura 7, devemos ignorar os dois extremos – gerentes totalmente empenhados, em um lado, e organizações inteiramente sem gerentes, no outro – e, em vez disso, considerar as formas de gestão intermediárias, chamadas de gestão máxima, gestão participativa, gestão compartilhada, gestão distribuída, gestão apoiadora e gestão mínima.

Gestão máxima

Em alguns aspectos, Henri Fayol (1916, 1949) tinha razão, em termos gerais: há gerentes que planejam, organizam, coordenam, comandam e controlam. Vamos chamar a gestão deles de máxima, para contrastá-la com a gestão mínima.

Essa gestão máxima está desaparecendo, como alegam muitos dos gurus da gestão? Bem, olhe em volta – para as linhas de montagem de automóveis, fábricas têxteis, supermercados, *call centers* e os abundantes funcionários de repartições públicas. E não se esqueça das tabelas organizacionais, com aquele chefe no "alto". Usando as palavras do escritor Mark Twain, os rumores sobre a morte da gestão máxima foram grandemente exagerados. Porém, quanta gestão realmente é tão máxima? Não muita.

Gestão participativa

Um passo aparentemente significativo, mas na verdade muito pequeno em direção contrária à gestão máxima, leva o nome de "gestão participativa", "empoderamento" ou "descentralização". Pequeno por causa do seguinte:

O problema da participação é que os gerentes seniores que entregam poder podem facilmente retirá-lo. Quanto ao empoderamento, agora uma palavra em voga, **pessoas com trabalho a fazer não deveriam ter que ser "empoderadas" por seus gerentes** – como observado antes, por exemplo, no caso de médicos em hospitais, sem falar nas abelhas na colmeia.

Já descentralização usualmente significa passar poder hierarquia abaixo, de alguns gerentes seniores para alguns gerentes que ocupam posições inferiores. Isso dificilmente constitui uma difusão séria de poder.[4]

---

[4] Na verdade, a história mais famosa de "descentralização" é sobre uma centralização, em termos relativos. Nos anos 1920, Alfred Sloan, da General Motors, freou o poder das pessoas que cuidavam de seus negócios individuais (Chevrolet, Buick, etc.) criando uma estrutura divisional que os sujeitava aos controles de desempenho impostos pela matriz (*veja* Mintzberg 1979:405-406).

Gestão compartilhada

Aqui, um serviço gerencial é compartilhado entre diversas pessoas. Às vezes, são apenas duas, como quando um CEO se foca nos aspectos externos de sua posição (*fazer conexões, tratar*), enquanto um COO (diretor operacional) toma conta dos aspectos internos (*controlar, liderar, agir*).

O compartilhamento de informação é vital para esse tipo de gestão. Como observado, a informação é a cola que une as diferentes atividades gerenciais. Se duas pessoas que compartilham o mesmo trabalho não dividirem completamente suas informações, inevitavelmente surgirão problemas.

Gestão em equipe estende a gestão compartilhada a diversas pessoas. Em um hospital psiquiátrico (Hodgson, Levinson e Zaleznik 1965), o diretor executivo conectava a organização ao seu ambiente externo (*fazer conexões, tratar*) e era assertivo; o diretor clínico geria os serviços clínicos internos (*agir, controlar, liderar*) e era o apoiador; e uma terceira pessoa lidava com a inovação não rotineira (*agir*) e expressava amizade e normas igualitárias (outra abordagem da liderança).

Um estudo sobre uma instituição financeira (Pitcher 1995, 1997) concluiu que sua gestão era distribuída entre o que o autor chamou de artistas, artífices e tecnocratas. Contanto que eles trabalhassem juntos, complementando os pontos fortes e corrigindo os pontos fracos uns dos outros, a empresa prosperava. Entretanto, quando um tecnocrata assumiu o controle e deslocou os artistas e muitos dos artífices, a empresa enfrentou uma crise.

Gestão distribuída

A gestão distribuída difunde a responsabilidade pela gestão mais amplamente. Metaforicamente falando, quando os gansos voam, a liderança do bando muda periodicamente, à medida que o ganso à frente se cansa e fica para trás. Sem dúvida, todos os outros gansos consideram aquele na frente altamente empoderador, talvez até carismático – por um tempo. Se os gansos alternam sua liderança, e se abelhas conseguem trabalhar vigorosamente sem ter que ser empoderadas pela rainha (que é um título nosso, não delas), nós, seres humanos, claramente podemos alcançar tais níveis de sofisticação. Em outras palavras, podemos tratar a liderança como algo bastante natural.

Deveres gerenciais também podem ser distribuídos. Por exemplo, certas decisões podem ser tomadas coletivamente, como nas velhas cidades do estado norte-americano da Nova Inglaterra, em que os membros se reuniam e votavam juntos. Nesse caso, também as abelhas são melhores do que a maioria de nós: uma decisão crucial, como deslocar a colmeia de um lugar para outro, é tomada coletivamente. A abelha exploradora vasculha diversos locais e volta para repassar as características de cada um deles com as suas danças. "Segue-se uma competição. Por fim, o local divulgado com mais vigor pelo maior número de operárias ganha, e todo o enxame voa até ele", com a rainha se juntando ao resto do grupo (Wilson 1971:548).

Pessoas que trabalham nas organizações às vezes iniciam projetos dos quais emergem grandes estratégias. Em um artigo intitulado "Waking Up IBM: How a Gang of Unlikely Rebels Transformed Big Blue", Gary Hamel (2000) narrou a entrada da empresa no *e-business*. Um "introspectivo programador" teve a ideia inicial e acabou convencendo um gerente pessoal com quase nenhum recurso. Eles montaram uma equipe não muito fixa de pessoas que fizeram aquilo acontecer. Quando indagado sobre "a quem ele se reportava", o gerente respondeu: "À Internet".

Gestão apoiadora

Se pessoas que não ocupam posições gerenciais podem fazer mais dos papéis gerenciais, então os gerentes podem fazer menos, desempenhando outros papéis. **Considere cuidadosamente esta forma chamada "gestão apoiadora", pois ainda vamos ver muito mais dela.**

Se a abelha-rainha não desempenha nenhum papel naquela decisão estratégica da colmeia, o que ela faz, afinal? Além de muita produção – gerar hordas de abelhinhas –, ela faz outra coisa fundamentalmente gerencial: emitir uma substância química que mantém a colmeia unida. Em organizações humanas, chamamos isso de criar e preservar a cultura, o que enquadramos nas atividades de *liderança*, como no caso de Norm Inkster, da RCMP.

Abelhas trabalham majoritariamente sozinhas, sem muita supervisão, assim como professores em universidades e médicos em hospitais (que muitas vezes nem mesmo se reportam à hierarquia hospitalar superior). Nós chamamos esse trabalho humano de "profissional", e ele exige uma forma diferente de gestão.

"Eu simplesmente não os atrapalhava", afirmou o ex-diretor de uma faculdade de administração em relação aos professores.

É claro, sempre há alguma necessidade de atrapalhá-los, por exemplo, para assegurar que os orçamentos sejam fixados e cumpridos. Além disso, os profissionais precisam de apoio e proteção, a fim de que possam desempenhar seu trabalho com um mínimo de "perturbação". Logo, seus gerentes *estabeleçam ligações* e *tratam* com *stakeholders* externos para garantir um fluxo contínuo de recursos, ao mesmo tempo em que regulam muitas das pressões externas. Robert Greenleaf chamou isso de "liderança servidora": "indivíduos (...) são escolhidos como líderes porque" têm um "sentimento natural" de querer "servir (...) primeiro", em comparação à pessoa "que primeiramente é líder" (2002:24, 27).

Gestão mínima

O ponto menos viável na nossa escala é chamado de gestão mínima. Aqui, quase não há nada mais para gerenciar – às vezes sequer há uma organização propriamente dita. Mas resta um pouco de atividade coerente necessitando de coordenação por parte de gerentes.

Essa situação pode soar curiosa até nos darmos conta de que a maioria de nós convive com ela todos os dias. Pense em sistemas de código aberto, como a Wikipédia e o sistema operacional Linux. São adhocracias completas, que envolvem todo o potencial criativo de grandes comunidades. As pessoas vêm e vão, entram, fazem modificações e saem, mas o sistema vai adiante – e, de fato, com uma coerência notável. Essas são organizações praticamente autogeridas. Alguém teve que as iniciar; alguém tem que fixar e fazer valer as regras de entrada, modificação e saída; e há a necessidade de manter a coisa toda coerente. Isso pode ser feito a partir dos bastidores, também. Em um pôster com um pato seguindo outros, há a inscrição: "Lá vão eles. Eu tenho que os seguir porque sou seu líder".

Isso encerra nossa exposição sobre gerenciar de tudo quanto é jeito. Vimos a imensa variação que há na prática. Os próximos dois capítulos trabalham os conceitos discutidos nos quatro primeiros, considerando os impasses impossíveis de escapar com que se deparam todos que assumem a tarefa de gerenciar, além de abordar o que poderia significar gerenciar com eficácia.

CAPÍTULO 5
GERENCIANDO NO FIO DA NAVALHA

Os impasses inescapáveis da gestão

A gestão está cheia de impasses. Para onde quer que o gerente se vire, parece haver algum paradoxo ou enigma à espreita. Pense neles como fios de navalhas sobre os quais todo gerente deve caminhar. "É precisamente a função do executivo (...) conciliar forças, instintos, interesses, condições, posições e ideias conflitantes" (Barnard 1938:21). Note o uso da palavra *conciliar*, e não *resolver*. Este capítulo discorre sobre os vários impasses no cerne da gestão, com algumas sugestões de conciliação.

A SÍNDROME DA SUPERFICIALIDADE

Este talvez seja o mais básico de todos os impasses da gestão, o flagelo de todo gerente. **Como se aprofundar quando há tanta pressão para finalizar o trabalho?** Como escrevi em meu estudo anterior e observei no Capítulo 2, o principal risco ocupacional do gerente é a superficialidade.

Como é um trabalho em aberto, o gerente se inclina a assumir uma carga de atividades pesada. Em consequência, como observado, esse trabalho desenvolve menos planejadores reflexivos do que cria manipuladores de informação adaptativos. "Eu não quero bem-feito, eu quero feito até terça", diz um gerente. As organizações certamente precisam fazer as coisas serem feitas, mas tem sempre que ser até terça? Ou pra já, por e-mail? Por exemplo, o termo *speed to market* anda em voga: ponha o produto na rua, seja o primeiro. Para quê? Para ter que fazer *recall*?

Gerentes não podem se livrar da superficialidade. Em vez disso, é preciso se tornar proficiente em lidar com ela – por exemplo, tratar de questões complexas fragmentando-as em pequenos passos que possam ser dados um de cada vez. Também é necessário afinar a capacidade de refletir sobre o trabalho, achar tempo para recuar e pensar.

Reflexão sem ação pode ser passiva, mas ação sem reflexão é irracional. Como Saul Alinsky assinalou em seu livro *Rules for Radicals*, "a maioria das pessoas segue pela vida passando por uma série de acontecimentos". Estes "se tornam experiências quando digeridos, quando se reflete sobre eles, quando são relacionados a padrões gerais e sintetizados" (1971:68-69). Em nosso International Masters in Practicing Management (www.impm.org), no qual os gerentes passam um bom tempo refletindo sobre suas próprias experiências e as dos outros, foi cunhado o termo "reflação" (*refl'action*, em inglês) para descrever tal impasse.

Diz-se que os grandes atletas veem o jogo apenas um pouquinho mais lentamente do que os outros jogadores, conseguindo assim fazer manobras incríveis. Talvez essa seja também uma característica dos gerentes eficazes: deparados com grande pressão, eles conseguem ficar frios, às vezes só por um momento, para fazer aquela manobra inteligente.

O PROBLEMA DO PLANEJAMENTO

Uma variante da Síndrome da Superficialidade é o Problema do Planejamento. Se aquela olha de fora para dentro, analisando as pressões que levam à superficialidade, o Problema do Planejamento olha de dentro para fora, analisando **como planejar, elaborar estratégias, pura e simplesmente pensar, pensar no futuro em um trabalho tão frenético.**

Esse impasse opõe as características dinâmicas da gestão discutidas no Capítulo 2 (o ritmo frenético, as interrupções, etc.) às responsabilidades do gerente de articular direção e supervisionar decisões tomadas na unidade. Isso é um impasse porque os gerentes não podem nem evitar essas pressões nem se deixar dominar por elas.

Planejamento estratégico resolve esse impasse?

Então, o que o gerente atribulado deve fazer? Bater à porta de alguém? Partir para um retiro? Chamar um consultor? Às vezes sim, é claro. Desde que tais atitudes sejam reconhecidas mais como resoluções temporárias do que soluções fundamentais.

Há também a indicação mais popular de todas: planejamento estratégico – a solução ideal para o gerente atribulado. Se você não consegue pensar no futuro e, portanto, não consegue criar aquela visão estratégica, deixe que a técnica prefigure tudo para você (técnica é uma coisa que se pode usar no lugar de um cérebro).

Infelizmente, planejamento estratégico nunca funcionou como o esperado, nem levou ao desenvolvimento de estratégias. Planejamento oferece análise; estratégia exige síntese. A análise certamente pode contribuir para a síntese, mas nunca poderá substituí-la. Quando Michael Porter escreveu no *The Economist*: "Eu dou preferência a um conjunto de técnicas analíticas para desenvolver estratégia" (1987), ele estava completamente errado: ninguém nunca desenvolveu uma estratégia por meio de uma técnica.

O mundo da análise é categórico; o mundo da estratégia é confuso. Claro, técnicas analíticas podem contribuir para o processo estratégico. Mas não podem sê-lo.

O planejamento se desenrola em um cronograma, enquanto que a gestão tem que tratar de problemas e oportunidades à medida que surgem[5]. Por exemplo, como alguém dos parques canadenses poderia conciliar: "Nossa missão é manter integridade, saúde, diversidade, grandeza e beleza dos Patrimônios Cultural e Nacional do Oeste do Canadá" com uma batalha encarniçada pela expansão de um estacionamento?

---

[5] Tudo isso foi exposto em meu livro *Ascensão e queda do planejamento estratégico* (1994c; vide também 1994a).

Em vez de formular, formar uma estratégia[6]

No planejamento estratégico, os gerentes devem pensar em suas cabeças (formular estratégias) para que os outros possam agir (implementá-las). O processo é dedutivo e deliberado – na realidade, mais ciência do que arte ou habilidade prática.

Em nossa pesquisa que acompanhou o surgimento e o desdobramento de estratégias em 10 organizações ao longo de décadas (Mintzberg 2007), verificamos outra coisa. **Estratégias podem se formar sem serem formuladas: elas podem *emergir* por meio de aprendizado informal, com pessoas descobrindo ideias e estabelecendo iniciativas que podem evoluir para grandes estratégias.**

Em outras palavras, o processo é indutivo: a ação conduz o pensamento, tanto quanto o pensamento conduz a ação.

Estratégias não são tábuas entalhadas no cume de montanhas, a serem levadas para baixo para ser executadas. Elas podem ser desenvolvidas no solo por qualquer um que tenha a experiência e a capacidade para enxergar o geral além dos particulares. **Ficar na estratosfera dos conceitos é tão ruim para um estrategista quanto ter seus pés fincados à terra.**

Isso significa que os gerentes podem amenizar o Problema do Planejamento deixando que mil flores estratégicas desabrochem em suas organizações, escolhendo assim as que melhor lhes servirem. Esses gerentes dispensam um estilo cerebral de gestão, que presume que estratégias se cultivam em estufas, em favor de um estilo engajador, que abre campos de crescimento potencial.

O LABIRINTO DA DECOMPOSIÇÃO

O mundo das organizações é picotado em pedacinhos, alguns naturais, alguns não: divisões, departamentos, produtos e serviços, assim como missões, objetivos, programas e orçamentos. Da mesma forma, pautas são decompostas em questões, e questões estratégicas são decompostas em pontos fortes, pontos fracos, ameaças e oportunidades.

Supervisionando tudo estão os gerentes, que devem integrar toda essa bagunça confusa (embora frequentemente eles próprios a tenham criado). Assim, temos o Labirinto da Decomposição: **onde encontrar síntese em um mundo tão decomposto pela análise?**

Síntese é a quintessência da gestão: juntar as coisas, na forma de visões coerentes, organizações unificadas e sistemas integrados. É isso o que torna a gestão tão difícil – e tão interessante.

---

[6] O que segue é extraído de Mintzberg (1987, 2007, Capítulo 12) e Mintzberg, Ahlstrand e Lampel (2009).

Como, então, um gerente pode enxergar o panorama geral em meio a tantos detalhes? Uma organização não é um museu, com o grande quadro, o panorama geral, pendurado numa parede. Ele, o grande quadro, tem que ser construído nas mentes das pessoas que ajudam a pintá-lo.

Considere a onipresente tabela organizacional, que deveria ser um retrato ordenado dos componentes da organização. Em vez disso, ela pode ser vista como um labirinto por meio do qual suas pessoas têm que manobrar. O pressuposto por trás da tabela é que se cada unidade fizer seu trabalho corretamente, toda a organização funcionará de uma forma tranquila. Em outras palavras, a estrutura deveria tomar conta da organização, assim como o planejamento deveria tomar conta da estratégia. Quem acredita nisso deveria procurar um emprego como eremita.

Desmembramento

Como assinalado anteriormente, Peters e Waterman (1982) escreveram com entusiasmo sobre "desmembramento": o gerente consegue lidar com problemas grandes ao quebrá-los em pequenos pedaços que podem ser tratados um de cada vez. Isso funciona até o momento em que o gerente junte os pedaços novamente. Eles não se encaixam como em um quebra-cabeça. É mais como brincar com Lego, apesar de que as peças não se encaixam muito bem e de que o gerente possa não saber exatamente o que deve ser construído.

Em um brilhante artigo intitulado "The Magic Number Seven, Plus or Minus Two: Some Limits on Our Capacity for Processing Information", George Miller (1956) assinalou que nós, humanos, conseguimos lidar apenas com cerca de sete partes de uma mesma informação em nossas memórias de curto e médio prazo. Assim, como colocaríamos o panorama geral, ou o grande quadro, em nossos pequenos cérebros?

Pintando o grande quadro

Examinemos a metáfora literalmente. Como um pintor vê o grande quadro? Como acontece com o gerente, não há aonde ir para vê-lo – salvo se ele copiar o grande quadro de outrem, caso em que não seria uma grande pintura (assim como um gerente que copia estratégias dos outros não é um grande estrategista).

O grande quadro deve ser pintado pincelada por pincelada, experiência por experiência. O pintor pode começar com uma imagem geral, mas a partir daí o quadro deve emergir de uma multidão de pequenas ações. O mesmo se dá com muitas estratégias. Atualmente, poucas companhias têm uma estratégia maior ou melhor do que a IKEA, rede de mobiliário. Esse é um grande quadro corporativo. Dizem que levou 15 anos para ser pintado.

Cargos gerenciais naturais e antinaturais

Comecei a exposição deste impasse observando que alguns pedaços decompostos das organizações são naturais, enquanto outros não. **Quando um gerente é encarregado de um pedaço não natural, o seu trabalho pode se tornar impossível.**

Algumas unidades parecem ser naturalmente gerenciáveis. Por exemplo, a rede IKEA ou uma loja da rede. Outras, não – por exemplo, duas lojas da rede IKEA, ou uma rede de lojas de mobiliário combinada com uma rede de ferragens. Ann Sheen se deparava exatamente com isso: ela era encarregada do núcleo de enfermagem de dois hospitais na Inglaterra, um distante em vários quilômetros do outro. Em algum lugar, eles tinham sido magicamente fundidos em uma folha de papel. O que fazia deles uma unidade gerencial? O que havia de natural na gestão deles?

Cargos gerenciais arbitrariamente concebidos são mais comuns do que deveriam. Outra gerente que estudei, Sandy Davis, estava encarregada dos parques nacionais do Oeste do Canadá. Cada parque tinha seu próprio gerente. Qual era o papel dela? Em outras palavras: o que vários parques que por acaso estavam no Oeste do Canadá tinham em comum?

Um risco é que gerentes dessas espécies de combinações se sintam compelidos a encontrar pontos em comum entre elas – por exemplo, convocando reuniões de gerentes dos parques para buscar sinergias. Outro risco é que os gerentes façam uma microgestão.

Nada é mais perigoso em uma organização do que um gerente com pouco a fazer. Gerentes costumam ser pessoas ativas; é assim que viraram gerentes, e quanto mais sênior são, mais ativos costumam ser. Ponha-os em posições com pouco a fazer e eles encontrarão coisas para se ocupar. É então que começa o problema.

O DILEMA DA CONEXÃO

Os três primeiros impasses diziam respeito principalmente ao pensamento, na cabeça dos gerentes. Os próximos três dizem respeito à gestão no plano da informação.

Como assinalado anteriormente, um grande risco ocupacional da gestão é saber cada vez mais sobre cada vez menos, até que o gerente acaba não sabendo nada sobre tudo. O Dilema da Conexão diz respeito ao que está por trás disso: **como se manter informado ("em contato") quando a gestão, por sua própria natureza, distancia o gerente precisamente das coisas que ele gerencia?** Em outras palavras: como se conectar, se o serviço é intrinsecamente desconectado?

J. Sterling Livingston (1971), da Faculdade de Administração de Harvard, escreveu que a educação gerencial convencional (especificamente, os cases de MBA) é "de segunda mão".

Ele deveria ter chamado de terceira mão, pois a própria gestão é de segunda mão. As organizações são concebidas de forma que algumas pessoas façam o trabalho operacional básico (projetar, produzir, vender, etc.), enquanto outras pessoas, chamadas de gerentes, supervisionam. Repetindo: gestão significa fazer as coisas serem feitas por meio de outras pessoas, seja no plano das pessoas (liderando e estabelecendo ligações) ou no plano da informação (controlando e comunicando). Mesmo no plano da ação, os gerentes fazem e tratam majoritariamente para possibilitar que os outros façam com que as coisas sejam feitas.

Algumas pessoas afirmam que o isolamento pode tornar o gerente mais objetivo. Sim, é verdade. No entanto, já foi observado que ser objetivo é tratar as pessoas como objetos. É isso o que queremos para nossos gerentes? Há também aqueles que acreditam que a Internet coloca todo mundo em contato, independentemente de onde estejam. Em contato com um teclado, talvez (como assinalado no Capítulo 2), mas em contato com as nuances da organização também?

Tal impasse provavelmente é menos preocupante para o gerente de primeira linha, que tem acesso natural às operações. Isso me sensibilizou especialmente durante o tempo que passei com Stephen Omollo nos campos de refugiados, observando-o vagar e colher informações com tanto entusiasmo. Em certo momento, após passar pela área de distribuição de comida, ele anunciou que não havia problemas naquele dia, pois ninguém tinha vindo reclamar. Peter e Waterman (1982) descreveram a "gestão por perambulação"; aqui, tínhamos gestão simplesmente "estando lá".

Contudo, ironicamente, o Dilema da Conexão se mostrou mais claramente na frustração expressada por Gord Irwin, gerente da região frontal do Parque Nacional Banff. Ele se via espremido entre a realidade concreta do parque que ele conhecia tão bem e as suas novas responsabilidades imbricadas nas abstrações da administração. Mas essa frustração dificilmente se limitava a novos gerentes. Bramwell Tovey também tinha nostalgia do trabalho musical que deixara para trás.

Placas (*slabs*) entre silos

Mesmo assim, Bramwell, como Steve e Gord, ainda estava próximo o suficiente às atividades operacionais para conseguir se conectar a elas naturalmente. Era uma organização pequena e, como observado, Bramwell era um gerente "alto", assim como de base.

Mas as organizações de Steve e Gord eram grandes. Na verdade, isso era parte da frustração de Gord: havia gerentes empilhados acima dele e uns em cima dos outros na hierarquia de autoridade. E, quanto mais "acima" eles estavam, mais isolados estavam das operações – a ponto de, nas palavras de Paul Hirsch, o CEO se tornar "o ah-para-raios [*sic*] por não saber o que está acontecendo".

Todos conhecemos os *silos* das organizações: as separações verticais entre as funções. Como mostrado na Figura 8, por exemplo, eles mantêm o marketing separado das vendas, e as vendas separadas da produção. Esse impasse sugere que *placas* podem ser um problema mais sério. Como a Figura 8 também evidencia, as placas atravessam os silos em camadas horizontais, que isolam os gerentes uns dos outros em diferentes níveis da hierarquia. **Quando as placas são especialmente espessas, o Dilema da Conexão pode levar a organização a um beco sem saída estratégico: aos gerentes seniores falta o conhecimento detalhado, não apenas para criar eles mesmos estratégias robustas, mas até mesmo para reconhecer as iniciativas estratégicas atrativas criadas por pessoas em outros níveis da organização.** Podemos dizer que se abre um *vão administrativo* entre o que acontece "no chão", onde produtos e serviços se encontram com os clientes, e o que é discutido no alto, nas salas da administração.

Estabelecimento de "contato"

Como preencher esse vão? É fácil – em princípio. (1) Traga o pessoal operacional "para cima", a fim de se conectarem com a gerência; (2) leve o pessoal gerencial "para baixo", a fim de estabelecer contato com as operações; (3) encolha o vão ("desierarquize"); ou (4) faça melhor uso dos gerentes médios para conectar em cima e embaixo.

Discutimos o primeiro ponto no último capítulo: como não gerentes podem dividir o trabalho de gestão. Quanto a levar os gerentes para baixo, o "estar lá" de Steve Omollo nos acampamentos é ilustrativo: tirar os gerentes de suas

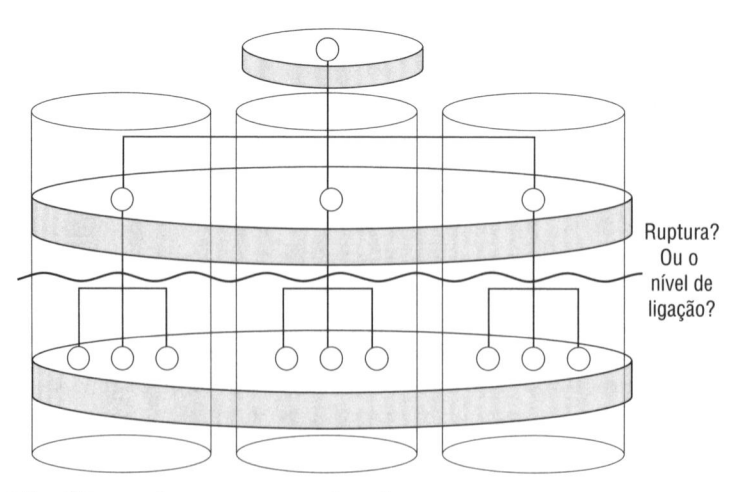

Figura 8   Silos e placas nas organizações.

salas e colocá-los nos lugares onde sua organização serve a seu propósito básico – não simplesmente "aparecer" de vez em quando, mas ter uma presença pessoal, de corpo e espírito.

Um dia, levei meu carro para a assistência e falava com o dono da concessionária quando ele disse algo que me surpreendeu: "Eu não tenho sala aqui". Não admira que ele estivesse sempre em volta, de pé, parecido com Fabienne Lavoie na ala de enfermagem.

A importância de gerentes estarem lá, ao alcance verbal dos outros, não deve ser subestimada. É claro, nem todos os gerentes têm tanta sorte quanto ele, que tinha a maioria de sua organização e clientes à mão. Mesmo assim, por que tanta gestão precisa ocorrer em escritórios isolados e salas de reunião fechadas? A empresa japonesa Kao ficou famosa por realizar suas reuniões da gerência em espaços abertos: qualquer funcionário que passasse por ali era bem-vindo. Uma empresa assim, como aquela concessionária de carros, não precisa de política de portas abertas!

Em nosso programa de Gestão Prática, um gerente da Fujitsu levou sua turma para ver o espaço aberto em que ele e seus colegas de gerência trabalhavam: sem divisórias, apenas mesas. "Quem é aquele?", perguntou uma gerente de um banco canadense a respeito de alguém que ela viu em pé, falando com um gerente em uma mesa. "É o nosso gerente sênior", respondeu o anfitrião, apontando para a mesa vazia do alto gerente, parecida com as outras. "Como você consegue trabalhar com seu chefe olhando por cima do seu ombro assim?", replicou ela, horrorizada. "Qual é o problema?", perguntou ele. O que para ela parecia ser controle, para ele era facilidade. Esse não era um gerente fazendo microgestão: ele estava mantendo contato.

Encolher o vão reduzindo o número de placas, mediante o chamado enxugamento (*downsizing*), tornou-se popular – popular demais e fácil demais, como observado antes, assim como era a sangria na medicina, séculos atrás. Claro, o enxugamento pode aliviar organizações inchadas com gerência média em excesso. Mas quantas vezes foram incidentalmente dispensados gerentes médios necessários junto com os redundantes?

Pode haver um modo melhor de preencher o vão administrativo: fazendo uso mais eficaz de gerentes médios que se conectem naturalmente em ambas as direções: com as operações e com as abstrações da administração. Podemos chamar isso de *nível de ligação*, como consta na Figura 8.

Muitos de nós achamos que a "alta gerência" possui a capacidade de supervisionar tudo. Mas todos também conhecemos exemplos de miopia, quando nada parece muito claro visto de um ponto privilegiado e distante. **Muitas vezes, o nível de ligação dos gerentes médios pode ser melhor para conectar as realidades operacionais com o grande quadro estratégico** e, de quebra, ver a gestão mais no centro do que no alto (vide Figura 9 na página seguinte).

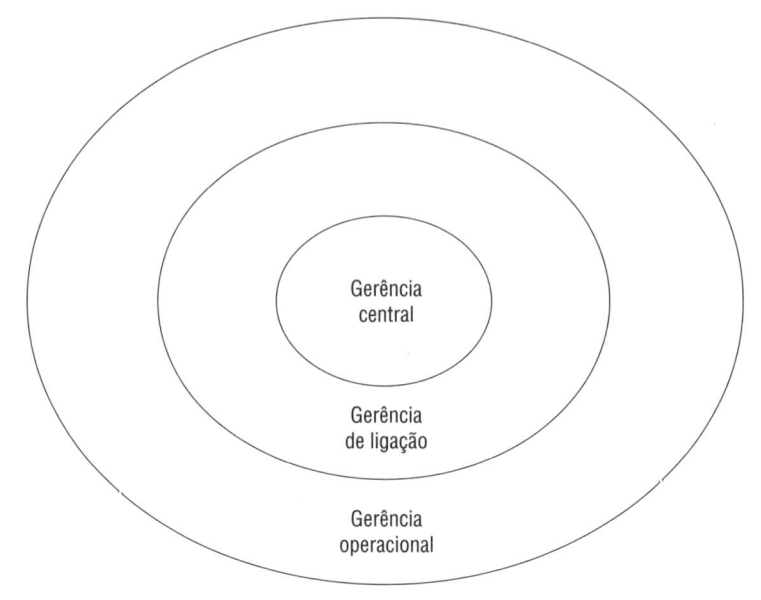

Figura 9   Gerenciando em toda parte.

O DILEMA DA DELEGAÇÃO

Aqui, temos o inverso do impasse anterior. Naquele, os gerentes têm dificuldades em se conectar porque seu serviço os tira de contato com as atividades operacionais; neste, os gerentes têm dificuldades em delegar porque estão mais bem informados do que as pessoas a quem devem delegar.

Isso é um impasse? Não quando consideramos a natureza das informações em questão. O gerente, como centro nervoso da unidade, é o membro mais amplamente informado, mesmo que não possua informações muito específicas. Assim, o gerente generalista deve delegar a alguém que seja especialista.

Não haveria problema se o gerente pudesse dividir com facilidade suas informações relevantes para a tarefa delegada. Todavia, como assinalado no Capítulo 2, é comum que muito dessa informação chegue oralmente, sendo, portanto, armazenada somente no cérebro do gerente. Mesmo quando parte dela pode ser acessada, a transmissão pode ser um processo demorado. O gerente tem que "fazer" um *briefing* oralmente. Assim, **como o gerente pode delegar quando tanto da sua informação é pessoal, oral e, muitas vezes, confidencial?**

Logo, os gerentes parecem estar condenados, pela natureza da sua informação, a uma vida de trabalho frustrada ou excessiva. No primeiro caso, eles cumprem tarefas demais ou passam muito tempo dividindo suas informações orais. No segundo caso, eles testemunham tarefas delegadas sendo cumpridas incorretamente por desinformados (se comparados a eles). É muito comum ver pessoas serem culpadas por erros que cometem por não terem a informação necessária. Delegar "desovando" não é gestão responsável.

Os gerentes podem amenizar tal impasse dividindo as informações que possuem com pessoas em sua unidade, especialmente com um segundo no comando, com o máximo de regularidade e abrangência possível. Assim, quando chega a hora de delegar, ao menos metade do problema está resolvida.

Esse compartilhamento aumenta o risco de que informações confidenciais caiam nas mãos erradas? Às vezes, sim (embora recusar-se a compartilhar informação frequentemente seja uma desculpa para acumular poder). Mas contraste isso com os benefícios de ter colegas bem-informados.

OS MISTÉRIOS DA MENSURAÇÃO

Em alguns lugares, virou um clichê a crença que se você não pode medir algo, não pode gerenciá-lo. Isso é estranho, pois quem é que algum dia mensurou com precisão o desempenho da gestão em si? Acho que isso significa que a gestão não pode ser gerenciada. Com efeito, quem algum dia sequer tentou mensurar o desempenho da mensuração? Assim, vamos ter que nos livrar da mensuração também. Ou então devemos encarar o fato de que a mensuração está lotada de seus próprios impasses, um dos quais (e não o menor) é **como gerenciar algo quando não se pode confiar na possibilidade de mensurar essa gestão?**

Evidentemente, se a mensuração fosse abrangente e confiável, não teríamos que nos preocupar com os últimos dois impasses. Os gerentes poderiam ficar em suas salas e ser completamente informados. Não haveria por que todo esse tempo gasto em perambular, estar lá e comunicar. E eles também poderiam delegar a bel-prazer: apertariam o botão "enviar" e lá iria a informação, juntamente com a tarefa delegada. Presumivelmente, é isso o que tornou a mensuração tão atrativa, especialmente para gerentes distanciados das atividades concretas de suas organizações. Afinal, os números não mentem, certo? Os dados seriam confiáveis, objetivos, "concretos".

O ponto fraco dos "dados objetivos"

O que são exatamente "dados objetivos" (*hard data*)? Pedras são concretas, mas e dados? Tinta no papel e elétrons em um computador são bem pouco objetivos (com efeito, estes últimos são chamados de "*soft copy*"!).

Se você precisa de uma metáfora, tente pensar em nuvens no céu. Você as vê concreta e claramente a distância, mas chega perto e elas ficam mais obscuras. Você pode enfiar a mão através delas, que sentirá nada. "Concreta" é a ilusão de ter transformado acontecimentos e seus resultados em estatísticas. E estas são tão claras e inequívocas como nuvens. Objetivas, também. Aquele funcionário ali não é um egocêntrico sem coração, mas um 4,7 na escala de algum psicólogo. A empresa não foi bem, apenas; ela rendeu um retorno sobre investimento de 16,7% no ano passado. Isso não é suficientemente claro?

Dados subjetivos (*soft*), em contraste, podem ser inexatos, ambíguos, subjetivos. Esses dados geralmente exigem interpretação; a maioria deles sequer pode ser transmitida eletronicamente. Na realidade, como observado, podem ser nada mais do que fofoca, informações difundidas boca a boca, impressões. Quão objetivo é isso?

Logo, os dados estão viciados. Dados objetivos vencem sempre, ao menos até se chocarem com o material subjetivo do cérebro humano. Portanto, vamos examinar os pontos fracos dos dados concretos.

- *Dados objetivos têm alcance limitado.* Eles podem servir de base para uma descrição, mas geralmente não para uma explicação. Certo, os lucros subiram. Por quê? Devido à expansão do mercado? Você provavelmente pode conseguir um número para isso. Por que um concorrente principal está fazendo coisas burras? Não há números para isso. Por que sua própria gestão foi brilhante? Não há números para isso também (então vamos assumir que está certo). O fato é que costumamos exigir informações subjetivas para explicar o que está por trás dos números objetivos: políticas na empresa do concorrente, a expressão do rosto de um cliente e assim por diante. Em comparação, dados objetivos por si só podem ser vazios, quando não impotentes. "O que quer que eu lhe dissesse", queixou-se um dos entrevistados do estudo de Kinsey sobre o comportamento sexual do homem, "ele me olhava bem nos olhos e perguntava: 'Quantas vezes?'" (in Kaplan 1964).

- *Dados objetivos muitas vezes são excessivamente agrupados.* Esses dados geralmente compreendem muitos fatos combinados entre si para serem reduzidos a algum número agrupado, como o famigerado "resultado". Pense em toda a vida que é perdida ao se produzir esse número. É bom ver a floresta como um grande agrupamento de árvores... exceto se você é do ramo de madeireiras. Nesse caso, você precisa ter informações sobre as árvores. Há muita gestão feita como de um helicóptero, de onde as árvores parecem apenas um tapete verde.

- *Muitos dados objetivos chegam tarde demais.* Informações demoram para "se objetivar". Não se deixe enganar pela velocidade com a qual os elétrons correm pela Internet. Os acontecimentos primeiro devem ser documentados como "fatos", depois agrupados em resultados. E, finalmente, em relatórios que podem ser elaborados somente em algum prazo predeterminado (como o fim de um trimestre). Até lá, os concorrentes podem ter conquistado seus clientes.

- *Por fim, uma quantidade muito grande de dados objetivos simplesmente não é confiável.* Esses números definitivos têm uma boa aparência. Mas de onde vieram? Levante a rocha dos dados objetivos e veja o que encontra embaixo:

> Órgãos públicos adoram reunir estatísticas: eles coletam, somam, elevam à enésima potência, extraem a raiz cúbica e elaboram diagramas maravilhosos. Mas o que nunca devem esquecer é que cada um daqueles números vem, em última instância, do vigia do povoado, que simplesmente anota o que lhe dá na veneta (atribuído a Sir Josiah Stamp 1928, citado em Maltz 1997).

E não são apenas os órgãos públicos. Atualmente, os negócios são obcecados por números. Mas quem volta para saber o que o vigia anotou? Além disso, mesmo que os fatos registrados sejam confiáveis, o que é perdido no processo de quantificação e agrupamento de dados? Números são arredondados, erros são cometidos, nuances são perdidas. Qualquer um que já produziu uma medida quantitativa (seja uma contagem de descartes em uma fábrica ou uma contagem de publicações em uma universidade) sabe quanta distorção é possível, seja intencional ou não.

Isso tudo não é um apelo para se livrar das informações objetivas. Faz tão pouco sentido quanto se livrar das informações subjetivas. Quero dizer que **nós temos que parar de sermos hipnotizados pelos números, deixando as informações objetivas substituírem as subjetivas.**

Todos nós sabemos que se usam dados objetivos para verificar informações subjetivas. Bem, que tal usar essas informações subjetivas para verificar os dados objetivos (por exemplo, "dar uma olhada" nas estatísticas)? E quanto ao que vemos com nossos próprios olhos e ouvimos com nossos próprios ouvidos? Essas informações podem ser idiossincráticas, mas também diretas e ricas, assim se opondo à desconexão que é tão frequente nas salas executivas dos dias de hoje.

O ENIGMA DA ORDEM

Em seguida, surgem três impasses no plano das pessoas.

Assim como as organizações precisam de ordem, às vezes elas também precisam de desordem ou de "uma sacudida". Entretanto, na maior parte do tempo o necessário é se concentrar na entrega estável das mercadorias e dos serviços. E é sobre os gerentes que recai a responsabilidade pela garantia de muito dessa ordem: proporcionar às pessoas da unidade uma definição, uma previsibilidade, um senso do que é e do que pode ser, para que elas possam prosseguir seu trabalho de contratar pessoas, de planejar operações e de produzir resultados.

É aqui que encontramos a tradicional identificação da palavra *gestão* com a palavra *controle*, especialmente na forma de estratégias e estruturas convencionais. As estratégias estabelecem a direção, e as estruturas especificam de quem são as responsabilidades.

Porém, ao buscar a imposição dessa ordem, muitas vezes os gerentes se veem operando de modo desordeiro. Essa era a mensagem do Capítulo 2. Como disse Tom Peters, no trabalho gerencial, "'descuido' é normal, provavelmente inevitável e, geralmente, sensível" (1979:171).

Por quê? **Porque embora toda organização queira seguir adiante, algumas forças externas inevitavelmente as afetam.** Dentro delas, as pessoas precisam de previsibilidade, mas o mundo exterior costuma ter o mau hábito de ser imprevisível. Clientes mudam de opinião; novas tecnologias surgem; sindicatos convocam greves. Isso se aplica até mesmo a algo tão ordeiro quanto a própria estrutura da organização: "É preciso dar aos colaboradores uma compreensão clara de suas funções e de seus limites. No entanto, as funções inevitavelmente se sobrepõem e os limites são imprecisos" (Sayles 1979:4).

Alguém tem que lidar com o inesperado, e geralmente esse alguém é o gerente: a pessoa cujas responsabilidades são amplas o suficiente e cujo trabalho é flexível o bastante para encarar incertezas e ambiguidades.

Assim, eis o Enigma da Ordem: **como trazer ordem ao trabalho dos outros quando o trabalho de gerenciar é em si tão desordenado?** Como Andy Grove formulou: "Deixe o caos reinar, e então reine no caos" (1995:141). O paradoxo perfeito!

Atividades desordenadas podem produzir resultados ordenados? Claro que podem. Pense em artistas, inventores e arquitetos. Algumas dessas pessoas são o mais desordenadas possível, mas conseguem produzir os mais ordenados resultados. O mesmo pode acontecer com gerentes.

Contaminação da ordem

O que temos aqui é realmente um paradoxo ou apenas uma curiosidade? Parece ser este último, até considerarmos como um processo desordenado pode contaminar seus resultados ordenados, e vice-versa.

Voltemos aos pintores. Não são poucos os que mostram sua desordem pessoal nas telas – seu turbilhão interno, como em tantas obras de Van Gogh, ou em "O Grito", de Munch. Porém, mesmo tais pinturas podem ser surpreendentemente ordenadas. Claro, não há pouca arte desordenada, mas a maioria dela é logo esquecida. Na arte, isso pode não importar muito; na gestão, importa. O que faz disso uma contradição é a facilidade com que a gestão desordenada pode tornar uma organização desordenada também. Os gerentes simplesmente passam adiante seus conflitos e ambiguidades: eles são as peneiras discutidas no Capítulo 3. É claro, o inverso também pode acontecer: as pessoas da unidade podem passar sua desordem adiante para seu gerente.

Então como os gerentes devem lidar com tal impasse? Fazendo como fazem com todos os outros impasses: matizando seus dois lados. Eles têm que alternar, às vezes deixando o caos reinar e às vezes reinando no caos.

Ceder a qualquer dos dois lados devasta uma unidade. Com ordem demais, seu trabalho se torna rígido, isolado. Com muito pouca ordem, as pessoas não conseguem realizar seu trabalho. Todos nós conhecemos gerentes que deixam que o caos de seu trabalho (e o do mundo exterior) flua para dentro de sua unidade, sem fazer a regulagem necessária. Todos nós também conhecemos gerentes que protegem tanto sua unidade, que ela se isola da realidade.

Tudo parece tão correto e ordeiro – até as coisas estourarem.

O PARADOXO DO CONTROLE

O Enigma da Ordem é difícil o bastante. Empilhe um gerente em cima do outro na hierarquia e você tem o Paradoxo do Controle. A ordem é imposta pelo gerente acima ("Aumente a produção em 30%"), só que embaixo também há um gerente trabalhando em sua própria desordem, com pressões de clientes, de comunidades, de economias. Como consequência, o Enigma da Ordem se torna o Paradoxo do Controle: **como um gerente pode manter o estado necessário de desordem controlada com o gerente que está em um nível hierárquico acima dele impondo ordem?**

O dano da deliberação

É aqui que a gestão por deliberação pode se tornar especialmente destrutiva. Deliberar certamente é conveniente para gerentes seniores: varrer a ambiguidade para baixo do tapete e impor padrões de desempenho específicos em seus relatórios. "Você precisa de um senso de direção de minha parte? Muito bem. Aqui está. As metas são claras. Cumpra-as!"

Mas o que essas metas querem dizer? De onde vieram os números? Como sabemos, eles às vezes podem ser arbitrários e até mesmo contraditórios, retirados das listas de desejos, com pouca consideração pelos complicados cenários em que devem ser alcançados. Uma enorme quantidade da ambiguidade que vem junto com essas metas é varrida, não apenas para baixo do tapete, mas também até os gerentes juniores. **Assim, uma boa parte da deliberação, cada vez mais predominante nas organizações grandes, não passa de um "tirar o corpo fora" executivo.**

Resolvendo o impasse

Comparados com outros gerentes, diretores executivos têm certa liberdade. Conselhos podem ser exigentes, mas via de regra não tanto quanto os próprios CEOs. Eles enfrentam o Enigma da Ordem; os gerentes abaixo na hierarquia enfrentam também o Paradoxo do Controle.

À medida que as pressões por ordem descem na hierarquia, com os gerentes "provando a seus chefes que são leais e responsáveis por transmitir uma boa porcentagem das demandas da gerência superior a seus subordinados" (Sayles 1979:115), o peso dessas pressões aumenta, até que toda a "cascata" acaba por cair sobre os gerentes que estão na base da hierarquia. No entanto, estes são os que menos podem se esconder, visto que geralmente precisam enfrentar os clientes insatisfeitos, os trabalhadores zangados, os ativistas importunos.

São os gerentes seniores que costumam poder se esconder – em seus sistemas, ou seja, em suas abstrações administrativas. Eles podem fingir que todo aquele planejamento e controle dará conta das ambiguidades. Efetivamente, dará, ao menos no nível deles e por algum tempo. O presidente Truman era famoso por uma placa em sua mesa com os dizeres: "A bronca é resolvida aqui". Nos dias de hoje, o comum é o oposto: gerentes procastinadores passam a bronca adiante, nível por nível, até que ela pare onde a coisa fica séria.

O que os gerentes pressionados dos níveis inferiores devem fazer, então? Morris *et al.* sugerem que às vezes é possível ignorar a cadeia de comando, ao menos quando eles têm a "sabedoria de pensar onde e como desobedecer" a ordens. Gerentes "sofisticados" desenvolvem isso "como uma forma de arte" (1981:143). Além disso (como exposto na postura de Gerenciar a Partir do Meio, no último capítulo), eles conseguem virar a mesa e promover a mudança hierarquia acima.

Já os gerentes seniores podem ajudar considerando as consequências de passar para baixo problemas que, essencialmente, devem ser resolvidos por eles.

O PROBLEMA DA AUTOCONFIANÇA

Nosso último impasse relativo a pessoas é mais fácil de explicar, embora não menos difícil de tratar.

Praticar a gestão com eficácia demanda uma boa medida de autoconfiança. Pense em todas as pressões, sem falar em todos essas impasses. Como ficou evidente em muito da gestão que observei (nos campos de refugiados, NHS, Greenpeace, etc.), esse não é um trabalho para os acanhados ou inseguros. Um gerente inclinado a evitar problemas, a passá-los adiante ou a apenas eximir-se da responsabilidade pode fazer da vida de todos os demais um horror.

Mas e os gerentes que são totalmente autoconfiantes? Eles podem ser piores ainda. Pense nos fundamentos instáveis sobre os quais essa confiança pode repousar: informações sobre as quais nunca se tem certeza absoluta; questões apinhadas de ambiguidades; contradições que não podem ser resolvidas, frequentemente forçando os gerentes a "dar um jeitinho".

Completamente sozinhos, os gerentes têm que passar a impressão de que sabem aonde vão, mesmo quando não têm certeza, a fim de que os outros se sintam seguros para segui-los. Em outras palavras, os gerentes muitas vezes precisam simular confiança. Para gerentes modestos, isso já é difícil o bastante; para os totalmente autoconfiantes, pode não ser difícil – apenas catastrófico.

O problema, até mesmo de uma autoconfiança razoável, é que ela pode levar o gerente além do limite, ribanceira abaixo, até a arrogância. Não é preciso de muito para que alguém nesse cargo pare de escutar outras pessoas, fique isolado e ache-se um herói.

A fronteira entre confiança e arrogância pode ser não apenas ínfima, mas também vaga. Um gerente pode cruzá-la sem se dar conta. E, depois de começar a cair ribanceira abaixo, pode não parar até atingir o fundo. Assim, o problema da Autoconfiança é o seguinte: **como manter um nível suficiente de autoconfiança sem descambar em arrogância?**

Esse não é um impasse sem importância. Ele provavelmente traz dificuldades a tanta prática de gestão e causa tanto incômodo aos outros quanto qualquer um dos outros impasses. E ele se aplica especialmente nesta era de liderança heroica, em que mesmo gerentes modestos, quando exitosos, podem ser postos em pedestais para a reverência de todos.

Elogio do gerente modesto*

Como um gerente pode evitar esse Problema da Autoconfiança? Amigos honestos e consultores podem ajudar. Quando alguém está cruzando o limite, como toda pessoa de sucesso eventualmente faz, é útil que alguém o puxe de volta. Contudo, é evidente que ter tais amigos e consultores – e escutá-los – demanda certa confiança, e ao menos confiança interna, que felizmente costuma ser acompanhada por certa modéstia. Logo, **talvez a chave para lidar com tal impasse seja fazer, em primeiro lugar, mais pessoas autoconfiantes e modestas assumirem posições gerenciais. Entretanto, atualmente** o oposto é muito frequente, de duas formas: pessoas modestas sendo preteridas, e arrogantes sendo escolhidas.

---

* N. de T.: Alusão à obra de Erasmo de Roterdã (1466-1536), *Elogio da loucura*.

A AMBIGUIDADE DA AÇÃO

Os próximos dois impasses ocorrem no plano da ação.

Se gerenciar é assegurar que as coisas sejam feitas, então os gerentes devem ser decididos. Eles não podem se esquivar demais das tomadas de decisão e só podem ser reflexivos até certo ponto. Gerentes devem assumir posições, tomar decisões e provocar ações que levem suas unidades para frente.

O problema é que muito desse trabalho precisa ser feito sob circunstâncias difíceis e cheias de ambiguidades, o que dá ensejo a outro impasse: **como agir decididamente em um mundo complicado e matizado?**

A dubiedade da decisão

Considere a *decisão* em si. O próprio termo parece decidido. Decisões são, afinal, comprometimentos com ações. Mas precisamos sempre nos comprometer – isto é, decidir – a fim de agir? Se você acha isso, peça para que alguém o chame de volta. Ou então vá a uma audiência judicial e assista a um processo de homicídio culposo: é uma ação sem decisão. Organizações, às vezes, também são chamadas à realidade. Alguns anos atrás, contava-se uma história sobre a gerência sênior de uma grande empresa automotiva europeia que contratou consultores para descobrir como um novo modelo de carro veio ao mundo.

Quando nos comprometemos – aquela decisão para agir –, tudo é necessariamente tão claro quanto parece? E só porque nos comprometemos, significa que agimos? Pode acontecer muita coisa entre decidir e fazer. "Muitas decisões precisam ser reconsideradas e refeitas" (Sayles 1979:11).

A autoconfiança possibilita que um gerente aja decididamente, mas ser decidido demais face à ambiguidade pode equivaler à arrogância, especialmente quando o gerente está distante da questão em causa. Considere todas as aquisições mal-feitas das grandes corporações. Muitas delas foram causadas por decisões ousadas tomadas em notável ignorância de suas consequências. Ou que tal a decisão de George W. Bush, em 2003, de travar a guerra no Iraque?

Inversamente, gerentes que hesitam em agir podem paralisar tudo. Algum tipo de decisão pode ser melhor do que decisão nenhuma: ela ao menos põe as pessoas em movimento. Mas gerentes que agem rápido demais, mesmo quando bem-informados, podem induzir suas organizações à ação prematura em relação a eventos que ainda estão se desdobrando.

É claro, os eventos estão sempre se desdobrando. E grandes eventos costumam se desdobrar imprevisivelmente. Assim, **o segredo é saber quando esperar, apesar dos custos do atraso, e quando agir, apesar de consequências imprevisíveis.** Para isso não existe manual, nem curso, nem mesmo cinco etapas fáceis: apenas a habilidade para julgar com base em informações.

De volta ao desmembramento

Se muitas decisões precisam ser refeitas, por que não "as desmembrar" em etapas sucessivas, com tempo para *feedback* entre cada uma dessas etapas?

O Capítulo 2 apresentou a metáfora do malabarismo em relação aos vários projetos e questões que o gerente tem que lidar simultaneamente. Ele tem que trabalhar com questões que não estão estáticas: quando uma questão cai, deve receber uma nova injeção de energia, enquanto todas as outras questões continuam girando no ar.

Charles Lindblom chamou esse comportamento de "incrementalismo desarticulado", descrevendo-o como "geralmente um processo sem fim de etapas sucessivas, em que beliscadas sucessivas substituem uma boa mordida" (1968:25-26).

Ele se referiu ao "incrementalista corretivo gradativo" como não parecendo "uma figura heroica", mas alguém que "é, mesmo assim, um solucionador de problemas agudo e articulado, lutando em grande escala com um universo que, como ele é sábio o suficiente para saber, é grande demais para ele" (p. 27).

O DILEMA DA MUDANÇA

Como observado no Capítulo 1, atualmente ouvimos muitas coisas boas sobre mudança. Porém, os motores dos nossos carros usam a mesma tecnologia do Ford Modelo T. Até mesmo as afirmações sobre mudança são as mesmas:

> Poucos fenômenos são mais notáveis, mas poucos foram menos notados, do que o grau em que a civilização material e o progresso da humanidade em todos esses maquinismos que azeitam as rodas e promovem os confortos da vida diária se concentraram no último meio século. Não é excessivo dizer que, nesse aspecto, mais foi feito, descobertas mais ricas e prolíficas foram feitas, realizações mais grandiosas foram alcançadas ao longo dos 50 anos do nosso período de vida do que em todos os períodos de vida anteriores da raça.

Isso apareceu na *Scientific American* – em 1868!

Meu argumento no Capítulo 1 é de que nós só percebemos o que está mudando, e não o que não está, o que inclui a maioria do que nos cerca. Também ouvimos muito sobre os problemas das pessoas que resistem à mudança nas organizações. Precisamos ouvir mais é sobre toda a mudança que é disfuncional.

Nenhum gerente pode gerenciar a mudança sozinho – isso é anarquia. Todo gerente precisa gerenciar a continuidade também, o que nos leva ao Dilema da Mudança: **como gerenciar a mudança quando há a necessidade de manter a continuidade?** Mais uma vez, o segredo é o equilíbrio.

Chester Barnard foi citado anteriormente ao dizer que "trabalho executivo não é aquele da organização, mas o trabalho especializado de manter a organização em operação" (1938:215). Isso significa manter a organização no rumo e pô-la de novo no rumo quando ela sai dele, assim como melhorar o rumo, quando necessário, e às vezes criar um novo rumo para um lugar diferente.

Meu colega Jonathan Gosling entrevistou diversos gerentes sobre como eles gerenciavam a mudança. Para sua surpresa, eles falavam mais em gerenciar a continuidade. Da mesma forma, durante os 29 dias, eu vi muita mudança que estava entremeada com continuidade. Abbas Gullet e Stephen Omollo, nos campos de refugiados da Cruz Vermelha, promoviam mudanças para proporcionar estabilidade, enquanto que John Cleghorn, do Royal Bank, promovia mudanças pequenas e grandes – fixar um cartaz, adquirir uma empresa de seguros – para manter o grande banco em seu rumo.

A dupla busca por certeza e flexibilidade

Em um perspicaz livro intitulado *Organizations in Action*, James D. Thompson escreveu sobre esse impasse como "o paradoxo da administração": "a dupla busca por certeza e flexibilidade". Em grande parte, ele expõe como as organizações atuam para a "redução da incerteza e sua conversão em certeza relativa" para proteger suas operações básicas. Contudo, "a característica central do processo administrativo é uma busca por flexibilidade" (1967:148).

Thompson acreditava que esse paradoxo poderia ser encarado favorecendo-se a convicção no curto prazo (em prol de eficiência operacional) e flexibilidade no longo prazo (em prol de "liberdade de comprometimento") (p. 150).

O problema, é claro, é que o longo prazo nunca chega (ou, ao menos, como colocou John Maynard Keynes, quando chega, já estamos todos mortos). Assim, os gerentes devem encarar esse impasse, como todos os outros, no curto prazo: isto é, em seu comportamento atual.

Como já sugerido, há sempre um pouco de mudança em meio à continuidade, mesmo se oculta em alguma equipe de projetos pioneiros. E há sempre um pouco de continuidade, algumas reservas de estabilidade, em meio à mudança. Organizações podem passar por períodos em que a mudança é predominante e outros períodos de relativa estabilidade. Como na Bíblia, para as organizações também há uma época para semear e uma época para colher.

O IMPASSE DEFINITIVO

Podemos encerrar com dois impasses gerais. O primeiro: **como é possível que um gerente gerencie todos esses impasses simultaneamente?**

Esses não são fenômenos convenientes, que surgem no prazo ou comodamente espaçados. Eles estão todos misturados à gestão. Assim, **gerenciar não é apenas caminhar no fio da navalha, mas se movimentar em um espaço multidimensional com todo tipo de fios de navalha.**

Já assinalei algumas vezes que o segredo é conseguir o equilíbrio. Esse equilíbrio, contudo, não é estável, mas, sim, dinâmico. As condições levam os gerentes a seguirem em uma ou outra direção na maior parte do tempo (isto é, em direção a mais confiança quando desafiados, ou em direção a mais mudanças quando deparados com uma oportunidade), e depois os fazem retornar.

Também observei repetidamente que esses impasses são insolúveis. Como Charles Handy formulou: "Paradoxos são como o clima: deve-se conviver com eles (...), mitigando-se os piores aspectos, aproveitando-se os melhores e usando-os como pistas sobre o caminho para frente" (1994:12-1).

Não há soluções, pois deve-se lidar com cada impasse dentro do contexto. **Esses paradoxos, problemas, labirintos, dilemas e demais estão imbricados no trabalho gerencial – eles *são* a gestão –, e lá permanecerão. Repetindo um ponto-chave: eles podem ser amenizados, mas nunca eliminados; conciliados, mas nunca resolvidos.** Assim, os gerentes devem encará-los, compreendê-los, refletir sobre eles, brincar com eles. Como escreveu F. Scott Fitzgerald: "O teste de uma grande inteligência é a capacidade de manter duas ideias opostas na mente ao mesmo tempo e ainda ter a capacidade de atuar". Podemos tolerar alguma outra forma de inteligência no mundo da gestão?

É claro, isso tudo quer dizer que o impasse definitivo do gerente – como lidar com todos esses impasses simultaneamente – permanece. Talvez, então, a única esperança repouse no impasse final, criado por mim.

O MEU IMPASSE

Como resolver o fato de que, embora esses impasses possam ser enunciados separadamente, todos pareçam ser o mesmo? Eu ofereci muitos comentários sobre a interpenetração desses impasses, as semelhanças entre eles, até mesmo sobre os que parecem ser exatamente iguais a outros. Talvez todos eles sejam apenas um grande impasse gerencial emaranhado. Nesse caso, você, como gerente, não precisa se incomodar pelo impasse definitivo anterior: apenas por todos os outros que o precederam.

CAPÍTULO 6
GERENCIANDO COM EFICÁCIA

Chegando à essência da gestão

Tentar descobrir o que torna um gerente eficaz ou mesmo *se* um gerente foi eficaz é difícil. Acreditar em respostas fáceis só dificulta mais. Gerentes e aqueles que trabalham com eles têm que enfrentar complexidades. Ajudar nesses aspectos é a finalidade deste capítulo.

Começamos com o gerente supostamente eficaz, mas, no fundo, inevitavelmente falho. Isso nos leva a uma breve exposição sobre famílias organizacionais de gestão feliz, que comparamos com as de gestão infeliz. Depois, voltamo-nos às questões de selecionar, avaliar e desenvolver gerentes eficazes, enquanto perguntamos: "Onde foi parar toda a capacidade de julgamento?". Entremeados com tudo isso estão vários dos pontos principais desenvolvidos neste livro, para servir como uma espécie de resumo. O capítulo e o livro terminam com um comentário sobre "gerenciar naturalmente".

AS MUITAS QUALIDADES DO GERENTE SUPOSTAMENTE EFICAZ

Abundam as listas de qualidades dos gerentes eficazes. Elas geralmente são curtas: quem levaria a sério dúzias de itens? Por exemplo, em um folheto (de aproximadamente 2005) para promover seu programa de EMBA, intitulado "O que faz um líder?", a Faculdade de Administração Rotman, da Universidade de Toronto, respondeu: "Coragem para desafiar o *status quo*. Prosperar em um ambiente exigente. Colaborar para o bem maior. Determinar uma direção clara em um mundo em rápida mudança. Ser temerariamente decidido". Mas essa lista está claramente incompleta. Onde está o item possuir inteligência inata, ou saber escutar, ou apenas ter energia? Mas não se preocupe: eles aparecem em outras listas. Assim, para podermos confiar em qualquer uma dessas listas, teremos que combiná-las todas.

Foi isso que, em prol de um mundo melhor, eu fiz na Tabela 3. Ela relaciona as qualidades de diversas listas que encontrei, somadas a alguns favoritos pessoais que faltavam. A lista composta contém 52 itens. Torne-se aquilo que afirmam todos os 52 itens, ou seja, que você está destinado a ser um gerente eficaz. Apesar de não humano.

O GERENTE INEVITAVELMENTE FALHO

Tudo isso é parte daquele "romance da liderança" mencionado antes (Meindl *et al.* 1985), que põe mortais comuns em pedestais ("Rudolph é a pessoa perfeita para o serviço: ele vai nos salvar!"), para que possamos torná-los vilões quando de

Tabela 3 Lista composta das qualidades básicas para sucesso gerencial garantido

corajoso	carismático
comprometido	apaixonado
curioso	*inspirador*
confiante	visionário
puro	enérgico/entusiasmado
reflexivo	para cima/otimista
perspicaz	ambicioso
mente aberta/tolerante (quanto a pessoas, ambiguidades e ideias)	tenaz/persistente/zeloso
	cooperativo/colaborativo/ participativo
inovador	
comunicativo (inclui saber escutar)	*engajador*
	apoiador/compreensivo/ empático
conectado/informado	
perceptivo	estável
racional/inteligente/*sábio*	confiável
analítico/objetivo	justo
pragmático	responsável
decidido (voltado à ação)	ético/honesto
pró-ativo	coerente
	flexível
	equilibrado
	integrativo
	alto*

Fonte: Compilado de várias fontes; meus favoritos pessoais estão em itálico.

*Esse item não apareceu em nenhuma lista que vi. Mas ele talvez se posicione à frente de muitos dos outros itens, pois estudos comprovam que gerentes são, em média, mais altos que as outras pessoas. Para citar um estudo de 1920, intitulado The Executive and His Control of Men (O executivo e seu controle sobre homens), baseado em pesquisa realizada com muito mais cuidado do que muito do que vemos nos grandes periódicos atuais, Enoch Burton Gowin tratou da pergunta: "Visto como uma máquina química, um corpo maior pode fornecer uma quantidade maior de energia?". Mais especificamente, será que há "alguma conexão entre o físico de um executivo, medido em altura e peso, e a importância da posição que ele ocupa?" (1920:22, 31). A resposta, em estatística após estatística recolhida pelo autor, é sim. Bispos, por exemplo, tinham uma média de altura maior que os pregadores de cidades pequenas; superintendentes de sistemas escolares eram mais altos que diretores de escolas. Outros dados sobre executivos ferroviários, governadores, etc. apoiavam essas conclusões. Os "superintendentes de limpeza de ruas" chegavam a ser os mais altos de todos depois dos "reformadores". (os "organizadores socialistas" estavam atrás dos "chefes de polícia", mas logo ali.). Os músicos ficavam no fim da lista (p. 25).

sua derrocada ("Como Rudolph pode falhar tanto conosco?"). Porém, alguns gerentes conseguem ficar de pé, apesar de não naquele pedestal idiota. De que jeito?

A resposta é simples: **gerentes de sucesso são falhos – todos somos falhos –, mas suas falhas específicas não são fatais, dadas as circunstâncias.** O Super-Homem também tinha falhas: lembram-se da kryptonita? Em uma conferência, Peter Drucker comentou que "a tarefa da liderança é criar um alinhamento de pontos fortes, de forma a tornar irrelevantes os pontos fracos das pessoas". Ele poderia ter acrescentado: "incluindo as do próprio líder".

Se você quer descobrir as falhas de alguém, case-se com ele ou trabalhe para ele. Suas falhas ficarão rapidamente aparentes. Mas há outra saída (ao menos se você for um ser humano maduro que fez uma escolha razoável): geralmente pode-se conviver com essas falhas. Gerentes e casamentos, de fato, dão certo. O mundo, como consequência, continua a se desdobrar de seu jeito imperfeito.[7]

Fatalmente defeituosas são aquelas listas sobre-humanas de qualidades gerenciais, pois são utópicas. Algumas vezes, estão pura e simplesmente erradas. Por exemplo, gerentes devem ser decididos: quem duvidaria disso? Como exemplo, as maquinações de George W. Bush, que aprendeu a importância de ser decidido a partir de estudos de caso nas aulas de Harvard. A lista da Universidade de Toronto chama essa qualidade de "temerariamente decidido". Ao ir para o Iraque, o presidente Bush certamente o foi. Quanto a alguns dos outros itens naquela lista, o arqui-inimigo do presidente no Afeganistão certamente "tinha a coragem de desafiar o *status quo*"; já Ingvar Kamprad, que fez da IKEA uma das redes de varejo de mais sucesso de todos os tempos, aparentemente (como assinalado) demorou 15 anos para "determinar uma direção clara em um mundo em rápida mudança". Na verdade, ele deu certo porque o mundo do mobiliário não estava mudando rapidamente: ele o mudou. Então talvez precisemos proceder de outra forma.

FAMÍLIAS ORGANIZACIONAIS DE GESTÃO INFELIZ

Tolstói começou seu romance *Anna Karenina* – com as imortais palavras: "Todas as famílias felizes se parecem, as infelizes são infelizes cada uma à sua maneira". Talvez seja assim também com gerentes e suas famílias organizacionais: eles podem ter um número ilimitado de jeitos de se dar mal, maneiras cada vez

---

[7] Nem sempre. Políticos se empenham em esconder suas falhas durante as campanhas eleitorais, até que elas se tornam fatais durante o mandato. Por exemplo, o objetivo dos debates políticos na televisão é demonstrar que seu oponente é falho, enquanto você não é. O pressuposto é que o candidato falho deve perder. Talvez essa farsa teatral seja uma razão por que as pessoas estão tão fartas de liderança política.

mais fascinantes inventadas a cada dia[8]. No entanto, somente alguns poucos jeitos de dar certo.

Um conto de dois gerentes*

Vamos incluir dois gerentes na história. Liz e Larry eram gestores inteligentes, estudados e modernos. Trabalhavam próximos um do outro na mesma empresa, uma chefiando um grande grupo de pessoas; o outro, uma grande operação de linha. Liz voava; Larry se arrastava. Ela tomava decisões muito rapidamente, de forma que com frequência tinham que ser refeitas; ele tinha dificuldade em tomar qualquer decisão, ou então as tomava de forma ambígua. Os resultados eram semelhantes: as pessoas em suas unidades se sentiam excluídas, confusas e desestimuladas.

Além de suas próprias unidades, adentrando no resto da organização, Liz confrontava, enquanto Larry condescendia. Ela frequentemente brigava com seus colegas de empresa – ela é que sabia das coisas –, exceto com o CEO, perante o qual ela era diferente. Larry, em contraste, tomava cuidado para não aborrecer ninguém e hesitava em contestar os outros, mesmo quando necessário.

Cada um deles, aliás, provavelmente reconheceria o outro nesta descrição. Mas eles reconheceriam a si mesmos? Devo acrescentar que, embora suas respectivas famílias gerenciais não fossem particularmente felizes, esses gerentes não eram fracassos. Nenhuma dessas falhas era fatal. As coisas eram feitas. Elas apenas poderiam ser feitas com mais eficácia – e mais felicidade.

Para ser fiel a Tolstói, eu não vou propor uma lista definitiva das causas dos fracassos gerenciais. Este livro não precisa ser tão longo assim. Se você quer uma lista dessas, eu sugeriria que você voltasse à Tabela 3 e invertesse todas as qualidades ali. Por exemplo, no lugar de *decidido*, ponha *enrolador*; e no lugar de *para cima, para baixo*. Ou então considere exagerá-las. Para *decidido*, você pode colocar *apressado*; *para cima, hiperativo*. Ou mesmo deixe as qualidades exatamente como estão: apenas aplique-as no contexto errado: ser decidido sem compreender a situação (aquela guerra no Iraque), ou ser para cima ao gerenciar uma funerária.

---

[8] Contaram-me a história de um diretor executivo de uma grande empresa britânica que não deixava os funcionários comuns passarem pela porta da sua sala. Para seguir seu caminho, eles tinham que descer uma escada e subir outra. Os que entravam na sala tinham que sentar em cadeiras mais baixas que a dele, para ele poder falar com eles de cima para baixo. Ele passou para a diretoria de uma empresa ainda maior, e acabou sendo sagrado cavaleiro por seu trabalho. Quando deixou a diretoria, seu conselho para o sucessor em reuniões do conselho foi: (1) vestir-se adequadamente; (2) não fumar; e (3) manter o controle com uma pauta clara. Na primeira reunião do conselho, seu sucessor tirou o paletó, acendeu um charuto e perguntou: "Sobre o que vocês gostariam de falar?".

* Referência ao romance de Charles Dickens (1812-1870), *Um conto de duas cidades* (*A tale of two cities*).

O que eu ofereço aqui são algumas categorias gerais de fracasso, chamadas de fracassos pessoais, fracassos do trabalho, fracassos de ajuste e fracassos de sucesso. Elas são discutidas rapidamente para podermos empregar mais tempo com o sucesso propriamente dito.

Fracassos pessoais

Em primeiro lugar, vêm os fracassos que os gerentes sofrem por si sós. Algumas pessoas simplesmente não deveriam ser gerentes: por exemplo, os relutantes, que não apreciam o ritmo e as pressões. Talvez eles devessem trabalhar sozinhos, ou em pares, sem responsabilidade pelos outros.

Outras pessoas gostam do trabalho, mas não são competentes nele: por exemplo, são irracionais ou não gostam de gente. Esses fracassos são surpreendentemente comuns, mesmo entre gerentes que chegaram a posições seniores. Em um artigo da revista *Fortune* intitulado "Por que os CEOs fracassam", Charam e Colvin propuseram duas respostas principais: "má execução" e "problemas com pessoas". Sobre esse último, eles comentaram o seguinte:

> Manter-se a par de todas as tarefas críticas, acompanhá-las, avaliá-las: não é um pouco... chato? Podemos muito bem dizer: sim. É chato. É um trabalhão. Ao menos é o que acharam muitos CEOs realmente inteligentes, aplicados e fracassados, e não se pode culpá-los. Eles simplesmente não deviam ter sido CEOs (1999:36).

Isso parece a macroliderança discutida antes. E está crescendo: gerentes que correm pelo "atalho" com o "jeitinho" (pode-se identificá-los pelo uso dessas expressões). Sendo CEOs em grandes corporações, eles tendem a fazer fusões, reestruturações e enxugamentos – tudo muito em voga, e geralmente mais fácil do que resolver problemas complicados. Eis a Síndrome da Superficialidade fora de controle.

Esses e outros gerentes são desequilibrados em suas atividades. Como assinalado no Capítulo 3, liderança demais pode favorecer o estilo em detrimento da substância, e pensar demais pode fazer o trabalho implodir.

Da mesma forma, no Capítulo 4 discutimos a ênfase excessiva na arte, habilidade prática ou ciência da gestão, levando a estilos de gerenciamento que chamamos de narcisista, tedioso e calculista.

Muitos dos desequilíbrios comuns da gestão também podem ser notados nos impasses. Como observado no Capítulo 5, um jeito seguro de fracassar é resolver qualquer desses impasses: por exemplo, o Dilema da Mudança, promovendo mudança em excesso ou insuficiente. De forma semelhante, em relação às características da gestão discutidas no Capítulo 2, um ritmo frenético demais, fragmentação demais ou excesso de comunicação oral podem fazer o trabalho passar dos limites, o que parece estar acontecendo cada vez mais nos dias de hoje, graças à falta de uso do botão de desligar.

Isso tudo não é uma defesa do equilíbrio perfeito na gestão. Também pode gerar uma forma de desequilíbrio, com o gerente não exibindo foco, caráter e estilo próprio.

Fracassos do trabalho

Pode acontecer de uma pessoa ser talhada para gestão e equilibrada em sua abordagem, mas o trabalho simplesmente não ser exequível. Ele é literalmente ingerenciável, e, portanto, a pessoa fracassa. No último capítulo, por exemplo, assinalamos posições gerenciais antinaturais – que não deveriam existir.

Um gerente pode fracassar também porque o trabalho está imbricado em uma organização ou contexto externo que o torna impossível. Pense no encarregado de rearranjar as espreguiçadeiras no convés do *Titanic*, ou em algum vice-presidente da Enron quando ela ruiu. E o gerente de vendas de uma empresa com produtos vagabundos e invendáveis? Não culpe o gerente, exceto por assumir o trabalho.

Fracassos de ajuste

Em seguida, vêm os gerentes competentes e equilibrados em serviços exequíveis, mas que não são para eles. Assim, eles ficam desequilibrados e, portanto, incompetentes – desajustados, em termos bem literais.

Aqui, as histórias novamente são muitas, com algumas delas derivando da falácia da gestão profissional: qualquer gerente corretamente treinado consegue gerenciar qualquer coisa. Lembro-me de uma faculdade de administração que nomeou um diretor que antes gerenciava uma empresa de caminhões. Ele dizia que gerenciar professores era como gerenciar caminhoneiros. Assim, a maioria dos caminhoneiros/professores competentes foi embora.

Há também o Princípio de Peter: gerentes galgando até um nível em que se tornem incompetentes (Peter e Hull, 1969). Eles deveriam ter sido menos promovidos. Possui experiência gerencial em um dado nível da hierarquia não necessariamente serve para gerenciar em um nível mais sênior. E vice-versa: experimente colocar um CEO em uma posição operacional. Ele pode ficar acostumado demais a estar cercado por pessoas que tomam conta dos detalhes.

Ajuste também pode se tornar desajuste quando as condições mudam, de modo que qualidades positivas viram sérias falhas. Por exemplo, uma organização em crise pode se ver gerenciada por alguém que é mais apto a gerenciar em períodos de estabilidade. Ou então um artista da reviravolta (*turnaround*) é trazido a uma organização que está funcionando perfeitamente bem, de forma que o que não está quebrado é consertado. E oficiais do exército treinados para combate tradicional que acabam enfrentando guerrilhas?

No entanto, cuidado: combinações evidentes podem também não funcionar. Às vezes, combinações de opostos funcionam melhor do que combinações iguais. Uma organização maquinal precisa de um chefe altamente cerebral? Talvez ela precise de alguém que consiga alargar suas tendências estreitas, assim como uma adhocracia indisciplinada e desalinhada pode às vezes se beneficiar de um chefe organizado para dar um limite à loucura.

Fracassos de sucesso

Por fim, há os fracassos que derivam do sucesso. Uma empresa que cresce demais aos olhos de seu empreendedor fundador, ou a soberba que se instala na gerência de um estabelecimento de pesquisa que vai muito bem. Em um livro intrigante chamado *The Icarus Paradox*[9] (*O paradoxo de Ícaro*), que também poderia ter sido intitulado *Os perigos da excelência*, Danny Miller (1990) demonstrou como a força de uma organização pode se tornar fraqueza, de forma que seu sucesso se torna um fracasso. Por exemplo, "criadores empreendedores, guiados por crescimento, (...) gerenciados por líderes imaginativos, (...) tornam-se imperialistas impulsivos e gananciosos, que (...) se expandem caoticamente para negócios sobre os quais não sabem nada" (p. 6). Em outros casos, os homens de ação se tornam exagerados; aqueles que estabelecem ligações com pessoas de fora da unidade se tornam chatos; os líderes se tornam líderes de torcida. E gerentes estabelecidos que se levam a sério demais – ou CEOs que atribuem a si o sucesso herdado de sua organização – passam dos limites da confiança e entram na arrogância. Porém, deixa-se que muitos deles continuem na luta, apesar do infortúnio da sua gestão.

Concluindo, a prática da gestão vem acompanhada de muitas armadilhas. Alguém já definiu o especialista como alguém que evita todas as diversas armadilhas em seu caminho até a grande falácia. Não só o especialista: o gerente também.

FAMÍLIAS ORGANIZACIONAIS DE GESTÃO FELIZ

OK, chega de fracasso. Poderíamos nos delongar nisso para sempre. O que importa é o sucesso. E não há escassez dele, de certa forma. Como sugere a história de Liz e Larry, gerentes falhos podem ter um desempenho bom o suficiente. Eles caem em algumas das armadilhas sem chegar até a grande falácia. Com efeito,

---

[9] O livro tem esse nome devido à figura da mitologia grega que voou tão alto que o Sol derreteu suas asas, despencando-o à sua morte.

muitos dos 29 gerentes do meu estudo eram mais do que bons o suficiente: eles criaram ou sustentavam famílias organizacionais felizes. Como faziam isso?

Não seria legal se eu pudesse dar a resposta em cinco etapas fáceis? Eu não posso, mas consigo dar um modelo para que possamos pensar sobre ela.

Lewis *et al.*, na introdução de livro *No Single Thread: Psychological Health in Family Systems*, comentaram: "Há uma literatura considerável sobre os tipos de família patológica, mas uma 'escassez de dados' sobre a família saudável" (1976: xvii). O que realmente sabemos sobre organizações saudáveis?

Um modelo de eficácia

O que eu ofereço aqui não é uma fórmula, uma teoria, nem mesmo um conjunto de propostas: apenas um modelo (não uma lista) para pensar sobre eficácia gerencial em contexto. Como exibido na Figura 10, no centro estão as cinco "linhas-mestras", ou "mentalidades gerenciais", como as chamamos em nosso International Masters in Practicing Management (*veja* Gosling e Mintzberg 2003). Elas vão do mais pessoal ao mais social: são intituladas reflexivo, analítico, mundano, colaborativo e proativo. Há mais duas linhas-mestra nas extremidades: ser pessoalmente enérgico e socialmente integrador.

Essas linhas-mestras estão arraigadas na prática da gestão, como exposto nos papéis do Capítulo 3, mais do que na natureza da pessoa que desempenha esses papéis. Cada linha-mestra é discutida individualmente antes da discussão de todas juntas na conclusão. Esta seção reúne muitos dos principais pontos que foram discutidos ao longo deste livro.

Quando li o livro de Lewis *et al.* sobre famílias saudáveis, fiquei impressionado por seus paralelos com o modelo apresentado aqui (que eu já havia es-

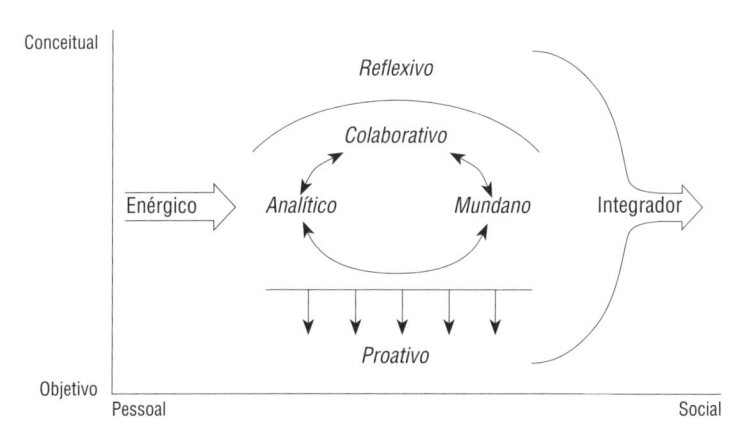

Figura 10 Um modelo para pensar a eficácia gerencial em contexto.

boçado, embora depois tenha pegado emprestada dele a palavra *linha-mestra*). Com efeito, consegui encontrar uma passagem daquele livro que correspondesse a cada uma dessas linhas-mestras gerenciais, até mesmo uma para a maneira como elas devem ser entremeadas: "Não encontramos nenhuma qualidade específica que famílias de funcionamento ideal ostentassem e que de alguma forma faltasse às famílias menos afortunadas (...).

A saúde no nível da família não era uma linha-mestra única. (...) A competência deve ser considerada como uma tapeçaria" (1976:205-206).

A linha-mestra enérgica

"Embora as famílias [eficazes] se diferenciassem no grau de energia apresentado, todas elas demonstravam mais abertura construtiva do que famílias claramente disfuncionais" (Lewis *et al.* 1976:208-209). Podemos, de forma semelhante, esperar um alto grau de energia de gerentes eficazes e das unidades que eles gerenciam, assim como uma boa dose de "abertura". **Se há uma coisa evidente sobre o ritmo e a ação de gerenciar, é a enorme quantidade de energia que os gerentes eficazes trazem a seu trabalho.** Não é um trabalho para preguiçosos.

Energia é, em grande medida, uma linha-mestra pessoal nessa tapeçaria (ou talvez seja o próprio tear), ancorando-a no lado esquerdo da Figura 10. É claro, nada na gestão é inteiramente pessoal. Como Peter Brook, o lendário diretor da Royal Shakespeare Company, escreveu em seu livro *The Empty Space* (1968), o público energiza o ator tanto quanto o ator energiza o público.

Essa linha-mestra pode nos ajudar a entender como os gerentes lidam com dois dos impasses citados no capítulo anterior. O Dilema da Conexão questiona como os gerentes podem se manter informados, se estão fundamentalmente separados, enquanto o Dilema da Mudança questiona como eles podem promover a mudança ao mesmo tempo em que mantêm a estabilidade da unidade. Esse tipo de energia é necessária para conectar, mudar e manter a estabilidade.

A linha-mestra reflexiva

"Ao buscar soluções para problemas na família, [as saudáveis] exploravam diversas opções; se uma não funcionava, elas recuavam e tentavam outra. Isso contrastava com o que faziam muitas famílias disfuncionais, nas quais se observou uma perseverança obstinada em uma única abordagem" (Lewis *et al.* 1976:208). Minhas próprias observações sugerem que **gerentes eficazes costumam ser reflexivos: eles sabem como aprender com sua própria experiência; exploram diversas opções; e recuam quando uma não funciona, tentando outra.** Isso sugere certa humildade, não apenas em relação ao que os gerentes sabem, mas também ao reconhecimento do que eles não sabem.

Como assinalei em meu livro *MBA? Não, obrigado!*, refletir significa "imaginar, sondar, analisar, sintetizar, conectar: 'ponderar cuidadosa e persistentemente o significado [de uma experiência] para si'" (2004: 254, citando Daudelin 1996:41). Isso vai além da mera inteligência, chegando a uma sabedoria mais profunda, que possibilita *insights* aos gerentes – enxergar questões internas, além das percepções óbvias. Como observado antes, **o gerente eficaz pensa e vê por conta própria**.

Se a gestão é frenética, os gerentes precisam dar um passo para trás e refletir silenciosamente sobre sua própria experiência. Isso de fato pode ser um antídoto para várias das contradições: o Problema da Autoconfiança, o Problema do Planejamento, a Síndrome da Superficialidade, o Dilema da Autoconexão. A Tabela 4 oferece um conjunto de perguntas de autoestudo para gerentes. Algumas podem parecer simples, até mesmo retóricas, mas ajudam a estimular a reflexão.

A linha-mestra analítica

Como assinalado antes, atenção demais à análise pode ser disfuncional no trabalho do gerente; porém, muito pouca atenção também pode, levando a um estilo desorganizado de gestão.

Procurar a chave da gestão eficaz à luz da análise pode ser uma má orientação, mas esperar achá-la na obscuridade da intuição também não faz sentido. Mais uma vez, o que funciona é um certo equilíbrio: **o gerente tem que conhecer sua unidade formal e explicitamente, assim como informal e tacitamente.** É por isso que os termos introduzidos no fim do Capítulo 2, "caos calculado" e "desordem controlada", aplicam-se tão bem ao trabalho gerencial. De modo muito semelhante, Lewis *et al.* descreveram as famílias mais disfuncionais como apresentando "estruturas caóticas", as famílias medianas com "estruturas rígidas", enquanto que as "famílias mais competentes ostentavam estruturas flexíveis" (p. 209).

O perigo de se basear demais na análise se fez presente sobretudo em dois dos impasses: no Labirinto da Decomposição, no qual tanta coisa em volta do gerente é fatiada em categorias artificiais; e nos Mistérios da Mensuração, no qual os gerentes precisam lidar com o ponto fraco dos dados concretos. No entanto, o Enigma da Ordem nos lembra de que o gerente tem que trazer ordem ao caos do seu trabalho.

Skinner e Sasser (1997), em um artigo da *Harvard Business Review*, talvez tivessem boas razões para afirmar que gerentes eficazes "empregam a prática da análise com grande efetividade" e "utilizam ferramentas analíticas com (...) disciplina e regularidade". Porém, quando concluíram que gerentes eficazes são, "acima de tudo, analíticos" (p. 143, 148), eles estavam simplesmente errados, na minha opinião. A ênfase excessiva em análise na gestão tirou o lugar de muitos dos julgamentos necessários às organizações.

Tabela 4   Perguntas de autoestudo para gerentes

1. Onde e como obtenho minha informação? Posso fazer melhor uso dos meus contatos? Como fazer os outros me proporcionarem a informação de que preciso? Tenho modelos mentais suficientemente poderosos sobre as coisas que preciso entender?
2. Que informações eu dissemino? Como posso passar mais informações aos outros, para que eles possam tomar melhores decisões?
3. Eu costumo agir antes de possuir informações suficientes? Ou eu espero tanto por todas as informações que as oportunidades acabam passando?
4. Qual ritmo de mudança eu peço que minha unidade tolere? Ele está equilibrado com a estabilidade necessária?
5. Estou suficientemente bem-informado para emitir julgamento sobre as propostas apresentadas a mim? Posso ceder aos outros a autorização definitiva sobre mais dessas propostas?
6. Quais são minhas intenções com minha unidade? Deveria torná-las mais explícitas para guiar melhor as decisões dos outros? Ou preciso de flexibilidade para mudá-las quando quiser?
7. Sou suficientemente sensível à influência das minhas ações e do meu estilo gerencial em geral? Encontro um equilíbrio adequado entre estímulo e pressão? Sufoco a iniciativa?
8. Passo muito (ou muito pouco) tempo mantendo meus relacionamentos externos? Há certas pessoas que eu deveria conhecer melhor?
9. Ao me programar, estou apenas reagindo às pressões do momento? Encontro o mix de atividades apropriado, ou me concentro demais no que acho interessante? Sou mais eficiente com tipos específicos de trabalho em períodos específicos do dia ou da semana?
10. Eu trabalho demais? Que efeito a minha carga de trabalho tem sobre minha eficiência e minha família? Devo me forçar a fazer intervalos ou diminuir o ritmo da minha atividade?
11. Sou superficial demais no que faço? Eu consigo realmente trocar de clima com a rapidez e frequência que minha agenda exige? Devo reduzir a quantidade de fragmentação e interrupção?
12. Eu sou um escravo da ação e da animação do meu trabalho, não conseguindo mais me concentrar nas questões? Devo passar mais tempo lendo e investigando profundamente certas questões?
13. Eu uso as diferentes mídias adequadamente? Eu sei como aproveitar ao máximo a comunicação escrita e o e-mail? Sou um prisioneiro do ritmo do e-mail?
14. Eu dependo demais da comunicação cara a cara, assim colocando quase todos os meus subalternos em desvantagem informacional? Eu passo tempo suficiente observando atividades em primeira mão?
15. As minhas obrigações consomem todo o meu tempo? Como posso me libertar delas para conseguir levar a unidade aonde quero que ela vá? Como posso colocar minhas obrigações em minha vantagem?

Fonte: Adaptado de Mintzberg (1973:175–177).

A linha-mestra mundana

"Há outra complexa variável familiar que envolve o respeito pela visão de mundo própria e também alheia" (Lewis *et al.* 1976:207).

Ouvimos muito, hoje em dia, sobre gerentes terem que ser *globais*, **mas é muito mais importante que eles sejam** *mundanos.* Ser global implica uma certa homogeneidade e conformidade. É isso o que queremos dos nossos gerentes? A mim parece que já temos muito disso.

Para pensarem por si mesmos, os gerentes precisam de mundanidade. **No** *Pocket Oxford Dictionary*, *wordly* **(mundano, em inglês) é identificado como "experiente na vida, sofisticado, prático".** Uma interessante mistura de palavras! E talvez o mais próximo que um conjunto de palavras possa chegar ao que muitos de nós queremos de nossos gerentes como verdadeiros líderes.

Ser mundano significa entrar nos mundos das outras pessoas – outras culturas, outras organizações, inclusive outras funções da sua própria organização. Parafraseando T. S. Eliot em uma frase muito repetida, e com boa razão, os gerentes devem explorar incessantemente a fim de voltar de onde começaram e conhecer o lugar como se fosse a primeira vez. Essa é a mentalidade mundana.

"Como vocês conseguem dirigir neste trânsito?", perguntou uma gerente americana a um professor indiano, após ter chegado a Bangalore para assistir ao módulo de mentalidade mundana do nosso programa IMPM. "Eu apenas sigo o fluxo", respondeu ele. O aprendizado mundano tinha começado! Há uma lógica nos mundos das outras pessoas que pode parecer desordenada para quem é de fora. Compreenda-a, você será um gerente melhor – e mais humano.

Reconhecer os mundos das outras pessoas não quer dizer invadir sua privacidade ou "ler a mente" delas. Lewis *et al.* concluíram que essas são "características destrutivas", encontradas apenas nas "famílias mais gravemente disfuncionais" (p. 213). Nas famílias medianas, eles encontraram pressões de conformidade. Mas nas famílias saudáveis esses pesquisadores encontraram o que chamaram de "negociação respeitosa":

> Já que a separação aliada à proximidade era a norma da família, diferenças eram toleradas e conflitos eram tratados mediante negociação, com respeito aos direitos dos outros de sentir, perceber e reagir diferentemente. Não havia uma corrente em direção a uma unicidade familiar que acabasse com as distinções individuais (p. 211).

Se a análise está próxima à ciência em nosso triângulo arte-habilidade prática-ciência, então a mundanidade está próxima à habilidade prática, arraigada na experiência objetiva e no conhecimento tácito. Um tema evidente em todos os impasses, especialmente na Ambiguidade da Ação (como agir de forma decidida em um mundo complicado e matizado), é a necessidade de que os gerentes apresentem um senso de nuance. Gerentes mundanos, que compreenderam seu próprio lugar pela primeira vez porque entenderam melhor a natureza de outros lugares, podem ser particularmente eficazes ao lidar com os impasses.

A linha-mestra colaborativa

"A tendência para um casamento igualitário estava em contraste tanto com os casamentos mais distantes (e decepcionantes) das famílias adequadas quanto com o padrão conjugal de dominação e submissão visto em tantas famílias disfuncionais" (Lewis *et al.* 1976:210).

À medida que nos movemos ao longo da nossa tapeçaria, os aspectos sociais da gestão se tornam mais proeminentes. Criar um ambiente de colaboração não significa "motivar" ou "empoderar" as pessoas (o que, como assinalado antes, pode simplesmente reforçar a autoridade do gerente), mas ajudá-las a trabalhar juntas. Kaz Mishina, quando dirigiu nosso módulo sobre mentalidade colaborativa do IMPM no Japão, descreveu a colaboração como "liderança nos bastidores: deixar o máximo possível de pessoas comuns liderar". No estilo "engajador" de gestão, introduzido no Capítulo 4 e descrito aqui na Tabela 5, o gerente envolve a si mesmo a fim de envolver os outros.

Há um senso de respeito, confiança, cuidado e inspiração, sem falar em escuta. Para nos utilizarmos mais do livro de Lewis *et al.*: "Famílias saudáveis valorizavam a expressão do afeto. O clima predominante era de calor e carinho. Havia uma capacidade bem-desenvolvida de empatia" (p. 214).

Como exposto no Capítulo 4 sobre "Gerenciando para além do gerente", no século passado houve um deslocamento contínuo de gestão como controle para gestão como envolvimento. Cada vez ouvimos mais sobre trabalhadores do conhecimento e trabalho por empreitada, organizações em rede "que aprendem",

Tabela 5   Gestão engajadora

- Gerentes são importantes na medida em que ajudam outras pessoas a serem importantes.
- Uma organização é uma rede interativa, e não uma hierarquia vertical. Gerentes eficazes trabalham em toda parte: eles não ficam parados no topo.
- Dessa rede emergem estratégias à medida que pessoas engajadas resolvem pequenos problemas que podem crescer até se tornarem grandes estratégias. A chamada implementação também alimenta a formulação.
- Gerenciar é ajudar as pessoas a exteriorizarem a energia positiva que existe dentro delas. Assim, gerenciar significa envolver, com base em julgamento enraizado no contexto.
- Aqui, liderança é uma confiança sagrada conquistada a partir do respeito dos outros.

equipes e forças-tarefa, empreendimentos conjuntos e alianças. Muitos "subordinados" se tornaram colegas, e muitos fornecedores se tornaram parceiros, com um deslocamento correspondente nos estilos gerenciais, passando de controle a convencimento, de liderança a ligação, de empoderamento a engajamento.

Delegar já não é mais um dilema quando um gerente naturalmente inclinado a colaborar mantém as pessoas da unidade bem-informadas. E conectar não é mais um problema quando gerentes que colaboram se conectam melhor e, assim, ficam mais informados.

Para concluir, tenha em mente que não há nada de mágico nesta linha-mestra, nenhuma grande característica de liderança. Como as outras linhas-mestras, ela é perfeitamente natural, assim como é a vida em uma família que funciona bem.

A linha-mestra proativa

"Havia pouca coisa passiva nas famílias saudáveis. A família como uma unidade demonstrava altos níveis de iniciativa ao reagir a estímulos externos" (Lewis *et al.* 1976:208-209).

Toda a atividade gerencial, como assinalado diversas vezes em nossa exposição e exibido na Figura 10, fica dividida entre reflexão abstrata e ação concreta – "reflação", naquela palavra cunhada por nosso colega do IMPM. **Reflexão demais, e nada é feito; ação demais, e as coisas são feitas irracionalmente.** Assim, aqui nós temos em mente a ação concreta, o que abrange os papéis gerenciais de agir e tratar.

Deixei esta como última entre as cinco linhas-mestra porque, enquanto a refletividade é, em grande medida, pessoal, a atividade é fundamentalmente social: não pode haver ação gerencial sem o envolvimento das outras pessoas. A **gestão é um processo social.** Gerentes que tentam fazê-la sozinhos costumam acabar controlando em excesso – expedindo ordens e deliberando sobre o desempenho, na esperança de que a autoridade garanta conformidade à gestão. Isso pode funcionar à vezes, mas dificilmente funciona quando se deseja explorar o potencial humano da unidade.

Eu uso o termo *proativo*, em vez de *ativo*, para indicar que esta linha-mestra diz respeito a gerentes que tomam a iniciativa: iniciam a ação, em vez de apenas reagir ao que acontece. Como observei anteriormente, gerentes eficazes se aferram a todos os graus de liberdade que conseguem e os levam consigo vigorosamente. Citando Isaac Bashevis Singer, no que poderia ser o lema do gerente eficaz: "Nós temos que acreditar no livre arbítrio: não temos escolha".

Assim, **gerentes eficazes não agem como vítimas. Eles são "agentes da mudança", e não "alvos da mudança"** (Hill 2003: xiii). Eles seguem o fluxo (como no trânsito de Bangalore) ao mesmo tempo em que o influenciam.

O impasse mais evidente aqui é a Ambiguidade da Ação (como agir decididamente em um mundo complicado e com nuances). Ser mundano pode ajudar, assim como ser reflexivo, mas ser proativo é vital. Observe que a mudança eficaz não é originada somente de cima para baixo – deliberada, decisiva, drástica –, mas também de baixo para cima e do meio para fora – experimental, incremental, emergente.

Proatividade pode ser uma característica de gerentes em todos os níveis da hierarquia, como vimos especificamente no dia de Alan Whelan, da BT.

E não se esqueça do Dilema da Mudança. Gerentes eficazes podem impulsionar mudança, mas também devem manter a estabilidade, o que pode exigir tanta proatividade quanto a que ficou evidenciada naqueles campos da Cruz Vermelha.

A linha-mestra integradora

Repetirei o que talvez seja a conclusão mais importante de Lewis *et al.*: "a saúde no nível da família não era uma linha-mestra única; (...) a competência deve ser considerada uma tapeçaria" (p. 206). **Gestão é uma tapeçaria tramada com as linhas-mestras da reflexão, análise, mundanidade, colaboração e proatividade, tudo isso acrescido de energia pessoal e unido por integração social.**

Ao examinar "a essência da liderança", Mary Parker Follett atribuiu "a maior importância (...) à capacidade de apreender a situação completa. (...) A partir de uma barafunda de fatos, experiências, desejos, almejos, o líder precisa encontrar a linha-mestra unificadora (...), ver um todo, e não um mero caleidoscópio de peças", levando em consideração "a situação em evolução, a situação em desenvolvimento". Ou seja, gerenciar significa conseguir a integração enquanto todas as outras atividades acontecem, aprendendo "o domínio [do] momento" (1920:168, 169, 170).

Integrar significa dominar entre os momentos, também. **Gerenciar é alcançar um equilíbrio dinâmico a partir dos planos da informação, das pessoas e da ação, conciliando as necessidades concorrentes de arte, habilidade prática e ciência, tudo isso enquanto se faz malabarismo com várias outras questões ao mesmo tempo.**

A palavra *análise* parece clara o suficiente, mas a palavra integração é obscura. O que significa alcançar uma integração? Será que a reconheceríamos se a alcançássemos? **Um propósito crucial da gestão é almejar a integração, continuamente, sem nunca chegar a alcançá-la, ou mesmo sem saber quão próxima ela está.**

Como discutido no Capítulo 5, gerentes eficazes não trabalham apenas dedutivamente (e cerebralmente), da reflexão à ação – da formulação à implementação, do conceitual ao concreto. Eles também trabalham pela intuição (com base no *insight*), da ação à reflexão, com a chamada implementação realimentando a formulação, do concreto ao conceitual, à medida que aprendem com a experiência. Acima de tudo, eles alternam entre os dois modos, passando pelos momentos de domínio.

Não presuma, contudo, que reflexão e ação são aspectos necessariamente separados e sequenciais da gestão. Pensar é uma parte intrínseca de agir: **os gerentes certamente pensam a fim de agir, mas também agem a fim de pensar, para descobrir o que funciona.** Acima de tudo, eles pensam *enquanto* agem: "atividades gerenciais podem ser executadas mais ou menos racionalmente" (Weick 1980:19). Mas não fazem isso sozinhos: utilizar-se da "mente coletiva" é um dos grandes desafios com que se deparam as organizações contemporâneas – por exemplo, ao moldarem suas estratégias e estabelecerem suas culturas.

SELECIONANDO GERENTES EFICAZES

Como selecionar gerentes que serão eficazes, como avaliar se estão realmente sendo eficazes e como eles podem ser desenvolvidos para se tornarem mais eficazes? As constatações feitas ao longo deste livro serão usadas para analisar individualmente cada uma dessas questões.

O tema da seleção de gerentes em prol da eficácia já recebeu atenção considerável em outros estudos. Aqui, eu gostaria apenas de contribuir com alguns pensamentos meus.

Escolha o diabo que você já conhece. O gerente perfeito ainda não nasceu. Se as falhas de todo mundo se revelam mais cedo ou mais tarde, quanto mais cedo, melhor. Assim, **gerentes devem ser escolhidos por suas falhas tanto quanto por suas qualidades.** Em vez disso, a inclinação geral é se concentrar nas qualidades das pessoas, às vezes em uma só, o que cega os responsáveis pela seleção em relação a todas as outras características do candidato. "Sally é ótima em *networking*", ou "Joe é um visionário", especialmente se o predecessor era péssimo em *networking* ou desprovido de visão estratégica.

Ninguém deve ser escolhido sem que antes se faça um esforço razoável e ético para identificar suas falhas – o diabo está no candidato. Depois, essas falhas devem ser julgadas cuidadosamente e comparados com a posição gerencial em questão, para evitar surpresas. O desempenho em uma posição gerencial anterior pode não ser uma indicação confiável do potencial para a próxima posição, mas pode servir como uma mostra das falhas da pessoa. Aí vem o próximo ponto.

Dê voz aos gerenciados. A gestão acontece tanto dentro quanto além da unidade. Porém, geralmente são as pessoas além da unidade que escolhem o gerente, seja o conselho na seleção de um diretor executivo, sejam os gerentes seniores na escolha dos juniores. O perigo aqui é o de ser mais fácil impressionar quem é de fora, que não precisou conviver com os candidatos diariamente, do que os de dentro, que precisaram. Charme pode ser um critério de seleção, mas dificilmente será o principal. Como consequência, muitas organizações acabam com gerentes que "puxam o saco dos de cima e enchem o saco dos de baixo": pessoas confiantes em excesso e de fala mansa, que possuem efetivamente pouca liderança.

Se há um único conselho que pode melhorar monumentalmente a eficácia da gestão, é o de dar voz no processo de seleção às pessoas que melhor conhecem os candidatos: a saber, os que foram gerenciados por eles. Não estou propondo a eleição de gerentes, apenas uma avaliação equilibrada por pessoas de dentro e de fora juntas. De fato, essa é uma prática comum em hospitais, universidades e escritórios de advocacia[10].

Considere uma pessoa de fora da empresa como alguém de dentro. Em algumas paragens, há a tendência de, ao menos para posições seniores, dar preferência a alguém de fora – a vassoura nova para varrer a organização. Infelizmente, essa limpeza pode acabar sendo feita por um diabo que o comitê de seleção não conhece, e que, por sua vez, pode não encontrar a sujeira de verdade. Desse modo, a vassoura nova pode varrer o coração e a alma da empresa. **Talvez os comitês de seleção devam dar mais atenção aos diabos que conhecem, pois essas pessoas sabem onde está a sujeira da organização.**

Na verdade, os comitês de seleção às vezes podem escolher alguém que saiu da empresa. Essa pessoa conhece a situação, desvestiu a camisa e, portanto, pode ser ideal para provocar uma reviravolta – uma vassoura nova familiarizada com a velha sujeira. Além disso, haverá colaboradores que poderão avaliar as qualidades e falhas dessa pessoa.

AVALIAÇÃO DA EFICÁCIA GERENCIAL

Você é gerente e quer saber como está se saindo. Os outros ao seu redor podem querer ainda mais descobrir como você está se saindo. Existem muitos jeitos fáceis de avaliar isso. Cuidado com todos eles. **A eficácia de um gerente só pode ser julgada no contexto.** Isso soa bem fácil até você desmembrar a afirmação (aqui, em termos de sete subproposições). Seja paciente: no fim, explicarei por que precisamos de tantas.

(1) **Gerentes não são eficazes; combinações são eficazes.** Não existe bom marido ou boa esposa: apenas um bom casal. O mesmo com gerentes e suas unidades. Podem existir pessoas que dão errado em todas as posições gerenciais, mas

---

[10] Há uma empresa famosa, líder em sua área há décadas, cujo diretor executivo é eleito por seus gerentes seniores por voto secreto. Já pedi que muitos grupos de homens de negócios (sendo que todos conheciam a empresa) adivinhassem qual é a firma. Raramente alguém acerta. A resposta é McKinsey & Company, cujo diretor executivo é eleito para um mandato de três anos. Isso parece ter funcionado bem para a empresa. Será que algum consultor da McKinsey já propôs isso a um cliente?

ninguém que possa se dar bem em todas elas. O sucesso depende da combinação entre a pessoa e o contexto, em um momento e por um tempo. Assim, **(2) não há gerentes eficazes em geral**, o que também significa que **(3) não existe gerente profissional** – alguém que consiga gerenciar qualquer coisa.

É claro, gerentes e suas unidades dão certo e errado juntos. Logo, **(4) para avaliar a eficácia gerencial, você também deve avaliar a eficácia da unidade.** E não apenas isso: **(5) você tem que avaliar a contribuição que o gerente fez a essa eficácia.**

Algumas unidades funcionam bem apesar de seus gerentes, e outras funcionariam muito pior se não fossem seus gerentes. Assim, tome cuidado ao presumir que o gerente é automaticamente responsável por qualquer sucesso ou fracasso da unidade. A história conta, a cultura conta, os mercados contam, o clima conta. Quantos gerentes já tiveram sucesso simplesmente manobrando até chegar a posições favoráveis, cuidando para não cometer mancadas e depois levando o crédito por seu sucesso?

Para completar, **(6) a eficácia gerencial também deve ser avaliada quanto ao impacto mais amplo, além da unidade e, até mesmo, da organização.** E o gerente que torna a unidade mais eficaz às custas da organização mais ampla? A produção manteve seus custos tão baixos que o setor de vendas não conseguiu vender tantos produtos.

Quantas organizações medem o desempenho das suas unidades e dos gerentes em relação à sua contribuição ao todo? Lembre-se: **uma organização saudável não é uma coleção de recursos humanos isolados, mas uma comunidade de seres humanos engajados.**

Além do mais, o que está certo para a unidade e a organização pode ser errado para o resto do mundo. Por exemplo, subornar clientes: é eficaz? Claro, se você quiser ver dessa forma. Mas qual é a utilidade de implorar que os gerentes sejam socialmente responsáveis e deixar de avaliar seu comportamento irresponsavelmente "eficaz"?

Juntando-se todos esses pontos, deve-se perguntar: como alguém que precisa avaliar um gerente pode lidar com tudo isso? A resposta aqui também é simples – a princípio. **(7) Eficácia gerencial deve ser julgada, e não apenas medida.**

Certamente, podemos obter medidas de eficácia para algumas dessas coisas, especialmente desempenho da unidade no curto prazo. Mas como vamos medir o resto? Onde está a medida composta que responde à pergunta mágica?

Se você acha que tantos quesitos para avaliar a eficácia gerencial são demais, pense na quantidade de bônus concedidos a executivos que ignoraram a maioria deles. Eles se basearam nos mais simples das medidas, como o aumento no preço da ação. **A eficácia do impacto de um diretor executivo deve ser avaliada no longo prazo. No entanto, como não sabemos como medi-la, ao menos enquanto atribuível a um executivo específico, os bônus executivos devem ser eliminados. Ponto final.**

Onde foi parar todo o exercício de julgamento? Lembra-se do julgamento? Costumava ser uma das chaves da gestão eficaz, mesmo que escondida nos cantos escuros do cérebro humano. Depois veio a mensuração, que parecia deslumbrante. Era uma boa ideia, contanto que estivesse aliada ao julgamento. Com frequência excessiva, porém, ela substituiu o julgamento. Assim, é claro, meça o que quiser, mas não se esqueça de avaliar o resto; não fique hipnotizado pela mensuração.

Em 1981, o Business Roundtable, um grupo de diretores executivos de muitas das empresas mais prestigiosas dos Estados Unidos, publicou sua "Declaração sobre responsabilidade corporativa".

> O acionista precisa receber um bom retorno, mas os interesses legítimos dos outros constituintes (clientes, funcionários, comunidades, fornecedores e a sociedade em geral) também merecem a atenção devida (...). Os grandes gerentes acreditam que a consideração esclarecida sobre os direitos de todos os constituintes (...) serve melhor ao interesse dos acionistas (citado em Mintzberg, Simons e Basu 2002:71; desde então, removido de http://www.businessroundtable.org/).

Em 1997, o Business Roundtable publicou outra declaração, intitulada "Declaração de governança corporativa". Esta expressava o oposto da anterior, afirmando que o dever supremo da gerência e do conselho de administração é para com os acionistas das empresas. Assim foi explicado:

> A noção de que o conselho deve de algum modo equilibrar os interesses dos acionistas com os interesses de outros *stakeholders* é, em essência, uma interpretação errada do papel dos conselheiros. É uma noção inviável, pois deixaria o conselho sem critérios para resolver conflitos entre os interesses dos acionistas e os de outros *stakeholders*, ou entre diferentes grupos de *stakeholders* (citado no mesmo artigo; desde então, removido de http://www.businessroundtable.org/).

Não são necessários critérios, apenas julgamento! Em algum ponto entre 1981 e 1997, segundo suas próprias palavras, essa coletividade dos CEOs mais proeminentes dos Estados Unidos perdeu sua capacidade de julgamento. Se você quer compreender o que está por trás da crise econômica dos Estados Unidos, eis o resumo da ópera: o julgamento de seus ditos líderes (acesse http://www.mintzberg.org/enterprise).

Eu escrevo livros e desenvolvo programas para gerentes. Às vezes, as pessoas me pedem medições de desempenho para esses programas (no caso extremo, e não estou de brincadeira: "Quanto subirá o preço da nossa ação se enviarmos Maria ao seu programa?"). Eu resisto à tentação de dizer: "Quarenta e três centavos". Em vez disso, eu respondo assim: "Pense em um livro que você leu faz pouco: você consegue quantificar seus custos?". É claro: tanto de dinheiro para comprá-lo, tantas horas para lê-lo... "Ótimo. Agora, quantifique os benefícios. Se você conseguir fazer isso – medir o impacto do livro sobre você –, diga-me, por favor, que farei o mesmo com o nosso programa." Como leitor, você pode estar achando este livro maravilhoso – 4,9 em uma escala de 5 pontos, ou algo assim – e nunca fazer nada com ele. Ou você pode ter odiado cada palavra – uma nota 1,3 (por que ainda está lendo?) –, mas usar uma ideia que foi exposta nele daqui a cinco anos, sem se lembrar da fonte. Se quiser, você pode parar de ler livros, mas você vai abandonar a gestão (e muitas outras coisas) só por causa das dificuldades em medir seu desempenho?

DESENVOLVIMENTO EFICAZ DE GERENTES

Então, como se deve desenvolver gerentes? Em 1996, alguns de nós nos pusemos a repensar o mundo da educação e do desenvolvimento gerencial a fim de mudar a maneira como se pratica a gestão – buscando aquilo que é descrito neste livro. Começamos onde estávamos, com educação "gerencial" na faculdade de administração.

O MBA convencional é só isso: administração de empresas. Ele faz um bom trabalho ao ensinar como funcionam negócios, mas não desenvolve a prática da gestão. Na realidade, ao dar a impressão de que alunos pouco experientes aprenderam gestão (sem falar em liderança), esses programas na verdade incentivaram um excesso de confiança.

Nossos esforços deram ensejo ao International Masters in Practicing Management (IMPM.org), mencionado algumas vezes e descrito na página seguinte, junto com três outros programas que ele engendrou. Mas, primeiro, um resumo do que está por trás desses esforços:

1. **Não se pode criar gerentes em sala de aula (muito menos líderes).** Gestão é uma prática que não pode ser ensinada como uma ciência ou profissão; na verdade, não pode ser ensinada de jeito nenhum. Alguns dos melhores gerentes/líderes nunca passaram um dia em uma sala de aula de MBA, enquanto vários dos piores ficaram lá obedientemente por alguns anos.[11]

2. **Gestão é aprendida no trabalho, otimizada por uma variedade de experiências e desafios.** Ninguém chega a praticar cirurgia ou contabilidade sem treinamento anterior em sala de aula. Na gestão, tem que ser o oposto. Como vimos, o trabalho é matizado, intrincado, dinâmico demais para ser aprendido antes da prática. Assim, o ponto de partida lógico é o trabalho

---

[11] Veja *MBA? Não, obrigado* (Mintzberg 2004:1–194), que inclui um relatório sobre um estudo feito por mim e Joseph Lampel (p. 114-119). Tiramos de um livro publicado por um velho *insider* da Faculdade de Administração de Harvard (Ewing, 1990) uma lista de 19 de seus CEOs astros, acompanhando seu desempenho por 13 anos. Dez desses CEOs fracassaram completamente (a empresa foi à falência, o CEO foi demitido, uma grande fusão saiu pela culatra, etc.), e outros quatro têm, na melhor das hipóteses, fichas questionáveis. Apenas cinco dos 19 pareciam estar indo bem.

em si. A primeira incumbência gerencial pode ser crucial, pois é aí que os gerentes "talvez estejam mais abertos a experiências e a aprender o básico" (Hill 2003: 288). Além disso, o aprendizado pode ser otimizado por diversas incumbências gerenciais desafiadoras (McCall 1988; McCall *et al.* 1978).

3. ***Programas de desenvolvimento podem ajudar os gerentes a extrair significado de sua experiência, estimulando-os a refletir sobre ela pessoalmente e a dividi-las com seus colegas.*** A sala de aula é um lugar maravilhoso para otimizar as compreensões e competências de pessoas que já estão praticando a gestão, especialmente quando recorrem à experiência que elas já têm. Em um lugar sem interrupções, os gerentes podem se reunir em pequenos grupos e pensar sobre suas experiências à luz de conceitos esclarecedores.

4. ***A devolução do aprendizado ao local de trabalho deve ser intrínseca ao desenvolvimento, para afetar a organização.*** Um grande problema do desenvolvimento da gestão é que ela geralmente se dá em isolamento. O gerente é desenvolvido, talvez até alterado, para acabar voltando a um local de trabalho inalterado. O desenvolvimento da gestão deve incluir o desenvolvimento da organização, concebido para promover mudanças na organização.

5. ***Programas para gerentes devem ser organizados de acordo com a natureza da própria gestão.*** Por exemplo, em termos de mentalidades gerenciais, não de funções comerciais. Marketing + finanças + contabilidade etc. ≠ gestão. Além disso, foco nas funções comerciais dá ênfase excessiva à análise, que é apenas uma das mentalidades da gestão.

> **Desenvolvimento natural: da gestão à organização, à sociedade e a si mesmo**
>
> Na metade dos anos 1990, começamos a repensar toda a questão da educação em gestão, o que levou a uma gama de novos programas, sendo quatro deles descritos aqui.
>
> **IMPM: combinando educação em gestão com desenvolvimento de gestão.** O International Masters in Practicing Management (http://www.impm.org/) foi concebido para passar de educação em negócios à educação em gestão, combinando-a com desenvolvimento de gestão. A intenção é ajudar gerentes experientes a *fazer* um trabalho melhor em sua própria organização, e não *conseguir* um trabalho melhor em outra.
>
> Cinco módulos ao redor do mundo, de 10 dias cada, abordam as mentalidades: reflexão (sobre a gestão de si) no norte da Inglaterra, análise (sobre gestão de organizações) no Canadá (Montreal), mundanidade (sobre gestão de contexto) na Índia (Bangalore), colaboração (sobre gestão de relacionamentos) na China (Pequim) e ação (sobre gestão da mudança) no Brasil (Rio de Janeiro).
>
> Reunidos em pequenos grupos em torno de mesas redondas, os gerentes passam cerca de metade do tempo aprendendo uns com os outros a partir do compartilhamento de reflexões sobre suas próprias experiências. Às vezes, eles fazem "compartilhamento de competência", falando sobre como praticaram determinadas competências (como *networking*),

para despertar consciência sobre sua prática. Eles também fazem "consultoria amigável" para ajudar uns aos outros a pensar seus problemas gerenciais e realizam "intercâmbios gerenciais", formando duplas para passar vários dias um no local de trabalho do outro. Estimula-se que os gerentes criem equipes de impacto com colegas ou subalternos em sua empresa a fim de difundir seu aprendizado e ir atrás de suas consequências para mudar sua organização (*veja* Mintzberg 2011a).

ALP: combinando desenvolvimento gerencial com desenvolvimento da organização. Os chamados Advanced Management Programs são apenas réplicas curtas dos programas convencionais de MBA: usam muitos dos mesmos *cases* e muita da mesma teoria; são organizados em torno das funções de negócio; e acomodam os gerentes nas mesmas fileiras lineares.

O Advanced Leadership Program (http://www.alp/impm.com/) leva o IMPM mais além. Aqui, as empresas compram mesas, em vez de cadeiras; elas enviam equipes de seis gerentes, encarregados de abordar uma questão importante de sua empresa. Em três módulos de uma semana cada, espalhados ao longo de seis meses, a equipe se concentra em consultoria amigável para trabalhar as questões uns dos outros.

IMHL: acrescentando desenvolvimento social. O International Masters for Health Leadership (http://www.imhl.info/), modelado segundo o IMPM, é para gerentes praticantes, a maioria com histórico em clínica, de todas as áreas da saúde em todo o mundo. Esse programa também utiliza consultoria amigável, mas levada até o desenvolvimento social. Além de trazer questões de interesse para seu trabalho e suas organizações, os gerentes se estendem a questões de saúde mais amplas em suas comunidades, usando a aula como um laboratório de ideias.

Coaching Ourselves: trazendo tudo para o autodesenvolvimento. Essas primeiras iniciativas foram levadas à sua conclusão natural pelo então diretor de engenharia de uma empresa de alta tecnologia que precisava desenvolver seus próprios gerentes, mas não tinha orçamento para tal. Quando ficou sabendo sobre o que estávamos fazendo nesses programas, ele seguiu o exemplo, por conta própria. Seu grupo se reunia de maneira informal aproximadamente a cada duas semanas, no almoço, para refletir sobre sua experiência, usando materiais conceituais para estimular as discussões. Isso prosseguiu por dois anos, enquanto alguns dos membros do grupo inicial estabeleceram grupos próprios. Como consequência, foi criado o http://www.CoachingOurselves.com/, para que grupos de gerentes de outras organizações pudessem se juntar a esse aprendizado autodirigido. Eles selecionam vários tópicos, como "Lidando com as pressões da gestão", e os trabalham em sessões informais de cerca de 90 minutos cada, para fortalecer suas equipes e promover mudanças em suas organizações. Em algumas organizações, a média gerência está usando o Coaching Ourselves. Para saber mais sobre esses programas, veja Mintzberg 2004, 2011a, 2011b e 2012).

Não se ensina gestão a ninguém: nem por um professor, nem por um especialista em desenvolvimento. Os gerentes devem aprender primordialmente com seus próprios esforços. Isso pode ser facilitado em sala de aula, mas a mensagem da nossa própria experiência é que **não há nada tão poderoso, ou tão natural, como gerentes engajados, comprometidos a desenvolver a si mesmos, suas organizações e suas comunidades.**

GERENCIANDO NATURALMENTE

Se o desenvolvimento da gestão pode ficar mais natural, por que a gestão em si também não pode?

Que espécie está fora de controle?

Como seres humanos, presume-se que começamos em cavernas ou coisa parecida, das quais bandos de nós, em comunidades, saíam para caçar ou coletar. Provavelmente nos organizávamos mais ou menos como os gansos ainda se organizam: o membro mais forte tomava a liderança, cedendo-a depois a outro que se tornara mais forte. Isso não significa que liderança, carisma, engajamento, gestão e todo o resto não existiam: apenas que esses aspectos se mesclavam em processos sociais de forma natural. Para a sorte desses seres humanos do passado, eles não tinham o benefício de milhares de livros glorificando tudo isso, então simplesmente iam levando.

Nós temos esse benefício, então é muito frequente que compliquemos um pouco o processo. Ao longo dos anos, tornamo-nos cada vez mais organizados. Primeiro, suponho, vieram líderes de grupos, que caçavam e combatiam os inimigos melhor e, em alguns casos, intimidavam seus seguidores. Ao longo dos milênios, esses líderes evoluíram para caciques, lordes, faraós, césares, imperadores, reis, rainhas, xoguns, marajás, sultões, vice-reis, ditadores, *Führer*, primeiros-ministros e presidentes, sem falar em gerentes, diretores, executivos, chefes, oligarcas, CEOs, COOs, CFOs e CLOs.

Será que todos esses nomes não nos dizem algo – a saber, que somos uma espécie fora de controle? No Parque Nacional Banff, Gord Irwin falou em "engarrafamento de urso": um congestionamento de trânsito causado por um urso. Quando um deles para na rodovia, os turistas param (alguns até saem dos carros para tirar fotos) e os caminhoneiros se enfurecem.

Nesse parque, falava-se em "gerenciar o ambiente natural". Mas isso é claramente um oximoro: aquele ambiente se gerenciou muito bem, obrigado, sem o nosso "gerenciamento". Agora existem "planos de gestão de ursos"!

Pense sobre o que gestão e liderança se tornaram nos ambientes que são "naturais" para nós. Pegamos uma coisa simples e a tornamos rebuscada: pondo "líderes" em pedestais; transformando seres humanos em recursos humanos; controlando-os por meio de mensuração excessiva; acreditando que gestão é uma profissão; desenvolvendo planos de gestão de ursos; enquanto nós, seres humanos, brigamos uns com os outros por causa do direito que nos arrogamos de "gerenciar" o mundo natural. Onde está a velha e boa gestão?

Se realmente quisermos entender o que aconteceu com a gestão, seria bom voltarmos ao ponto de partida, onde os alces pastam em cidades e os caminhoneiros combatem os turistas. Então, talvez consigamos "subir" a partir daí, até as abstrações da gestão que tanto nos hipnotizam – onde há gente que aufere rendas maiores aparentemente porque seu trabalho é mais importante, mas talvez porque, na verdade, tenha que lidar com mais absurdos, grande parte dos quais resultante dos seus próprios sistemas e formalidades. Pretensamente desenvolvido para tratar das complexidades, talvez tudo isso na verdade seja uma cortina de fumaça conceitual para uma espécie que está fora de controle, alienada de seu próprio ambiente natural. Afinal, o urso sabe muito bem que o verdadeiro problema é o "engarrafamentos de gente".

E o que é simplesmente gerenciar?

Assim, vamos despertar nossa humanidade e superar nossa obsessão infantil com liderança. **O que poderia ser mais natural do que tratar nossas organizações não como hierarquias místicas de autoridades, mas como comunidades de engajamento, onde cada membro é respeitado e, portanto, retribui esse respeito?**

É claro, precisamos de pessoas chamadas de gerentes para coordenar alguns esforços, proporcionar alguma direção em sistemas sociais complexos e dar suporte a pessoas que simplesmente querem fazer seu trabalho. Mas esses gerentes devem trabalhar com essas pessoas, e não mandar nelas.

Richard Boyatzis, da Case Western Reserve University, escreveu: "Parece não haver imagens, metáforas ou modelos para gestão vindos da vida natural", e assim "a gestão é um ato antinatural" (1995:50). É claro, gerenciar pessoas é muito mais complicado do que conduzir uma revoada de gansos ou emitir uma substância química para manter unida uma colmeia. Mas é um ato perfeitamente natural, que transformamos em antinatural ao desconectá-lo de seu contexto natural, não o vendo como ele é.

Isso sugere que estamos perdendo nosso tempo na obsessão por grandes gerentes e líderes. Talvez, o que se deva fazer seja reconhecer que pessoas razoavelmente normais, falhas (mas não fatalmente) em seus contextos, podem gerenciar e liderar com bastante sucesso. Para expressá-lo com mais vigor: **para ser um gerente de sucesso (sem falar, ouso dizer, um grande líder), talvez não se tenha que ser maravilhoso, mas, sim, mais ou menos emocionalmente saudável e perspicaz:** uma pessoa limpa de mitos sobre a gestão, perspicaz o suficiente para pensar por si só, perspicaz em relação às suas próprias limitações, assim como sobre o potencial ilimitado das outras pessoas, perspicaz a respeito de qual direção o mundo tomou e como isso pode ser mudado. Pelo menos, for isso o que vi nos 29 dias de gestão que observei.

É claro, há narcisistas e outros tipos disfuncionais que dão certo por um tempo. Mas me mostre um desses, que eu lhe mostrarei muitos outros que fracassaram redondamente. O homem que pôs a gestão no mapa pela primeira vez disse simplesmente: "É impossível que uma instituição sobreviva se precisa de gênios ou super-homens para gerenciá-la. Ela deve ser organizada de tal forma que possa funcionar sob uma liderança composta de seres humanos médios" (Drucker 1946:26).

Como conseguir essa liderança natural? Como Drucker sugeriu, podemos começar parando de criar organizações que dependem de liderança heroica. Não admira que não consigamos superar isso: quando um herói falha, buscamos outro freneticamente. Enquanto isso, a organização – escola, hospital, governo, negócio – fica na espera. **Com a promoção excessiva da liderança, nós rebaixamos todos que não são líderes. Criamos aglomerados de seguidores que têm que ser compelidos a apresentar desempenho, em vez de alavancarmos a propensão natural das pessoas a cooperar em comunidades.** Sob essa luz, **gestão eficaz pode ser vista como engajada para ser engajadora, conectada para ser conectora.**

Eu gosto de acreditar que o tema deste livro toca no cerne das nossas vidas como elas são hoje – nossas vidas cada vez mais "organizadas". Precisamos repensar gestão e organização, além da liderança focada na comunitariedade, ao percebermos como tudo isso pode ser simples, natural e saudável.

REFERÊNCIAS

Uma bibliografia mais completa sobre a pesquisa e outros escritos você encontra em *Managing* (Mintzberg, 2009).

Alinsky, S. D. (1971). *Rules for Radicals: A Pragmatic Primer for Realistic Radicals.* Nova York: Random House.
Andrews, F. (1976). Management: How a Boss Works in Calculated Chaos. *New York Times*, 29 de outubro.
Augier, M. (2004). James March on Education, Leadership, and Don Quixote: Introduction and Interview. *Academy of Management Learning & Education*, 3(2), 169-177.
Barnard, C. I. (1938). *The Functions of the Executive.* Cambridge, MA: Harvard University Press.
Bennis, W. G. (1989). *On Becoming a Leader.* Reading, M A: Perseus Books.
Boyatzis, R. E. (1995). Cornerstones of Change: Building the Path for Self-Directed Learning. In R. E. Boyatzis, S. S. Cowen e D. A. Kolb (ed.), *Innovation in Professional Education: Steps on a Journey from Teaching to Learning* (pp. 50-91). San Francisco: Jossey-Bass.
Brook, P. (1968). *The Empty Space.* Nova York: Atheneum.
Brunsson, K. (2007). *The Notion of General Management.* Malmö: Liber, Copenhagen Business School Press e Universitetsforlaget. Carlson, S. (1951). *Executive Behaviour: A Study of the Work Load and the Working Methods of Managing Directors.* Estocolmo: Strombergs.
Carlson, S. (1991). *Executive Behaviour.* Com comentários de H. Mintzberg e R. Stewart. Uppsala: Uppsala University Press.
Carroll, G. R. e Teo, A. C. (1996). On the Social Network of Managers. *Academy of Management Journal*, 39(2), 421-440.
Charam, R. e Colvin, G. (1999). Why CEOs Fail. *Fortune*, 21 de junho, pp. 30-40. Disponível em: http://money.cnn.com/magazines/fortune/fortune_archive/1999/06/21/261696/
Clifford, P. e Friesen, S. L. (1993). A Curious Plan: Managing on the Twelfth. *Harvard Educational Review*, 63(3), 339-358.
Dalton, M. (1959). *Men Who Manage: Fusions of Feeling and Theory in Administration.* Nova York: Wiley.
Daudelin, M. W. (1996). Learning from Experience Through Reflection. *Organizational Dynamics*, 24(3), 36-48.
DePree, M. (1990). Today's Leaders Look to Tomorrow. *Fortune*, 26 de março, p. 30.
Drucker, P. F. (1946). *Concept of the Corporation.* Nova York: Day.
Drucker, P. F. (1954). *Practice of Management.* Nova York: Harper & Row.
Drucker, P. F. (1974). *Management: Tasks, Responsibilities, Practices.* Nova York: Harper & Row.
Ewing, D. W. (1990), *Inside the Harvard Business School: Strategies and Lessons of America's Leading School of Business.* Nova York: Crown.

Farson, R. E. (1996). *Management of the Absurd: Paradoxes in Leadership*. Nova York: Simon & Schuster.
Fayol, Henri. (1916). Administration industrielle et générale. *Bulletin de la Société de l'Industrie Minérale, 10*, 5–164.
Fayol, H. (1949). *General and Industrial Management*. Londres: Pitman.
Follett, M. P. (1920). *The New State: Group Organization the Solution of Popular Governments*. Nova York: Longmans Green.
Goleman, D. (2000). Leadership That Gets Results. *Harvard Business Review*, março-abril, pp. 78–90.
Gosling, J. e Mintzberg, H. (2003). Five Minds of a Manager. *Harvard Business Review, 81*(11), 54–63.
Gowin, E. B. (1920). *The Executive and His Control of Men: A Study in Personal Efficiency*. Nova York: Macmillan.
Greenleaf, R. K. (2002). *Servant Leadership: A Journey into the Nature of Legitimate Power and Greatness* (edição de 25° aniversário). Nova York: Paulist Press.
Grove, A. S. (1983). *High Output Management*. Nova York: Random House. Guest, R. H. (1955 –1956). Of Time and the Foreman. *Personnel, 32*, 478–486.
Hales, C. (1986). What Do Managers Do? A Critical Review of the Evidence. *Journal of Management Studies, 23*(1), 88–115.
Hales, C. (2001). Does It Matter What Managers Do? *Business Strategy Review, 12*(2), 50–58.
Hamel, G. (2000). Waking Up IBM: How a Gang of Unlikely Rebels Transformed Big Blue. *Harvard Business Review, 78* (julho-agosto), 37–144. Handy, C. B. (1994). *The Age of Paradox*. Boston: Harvard Business School Press.
Helgesen, S. (1990). *The Female Advantage: Women's Ways of Leadership*. Nova York: Doubleday/Currency.
Hill, L. A. (2003). *Becoming a Manager: How New Managers Master the Challenges of Leadership* (2ª edição expandida). Boston: Harvard Business School Press.
Hill, L. A. (2007). Becoming the Boss. *Harvard Business Review, 85* (janeiro), 49–56.
Hodgson, R. C., Levinson, D. J. e Zaleznik, A. (1965). *The Executive Role Constellation: An Analysis of Personality and Role Relations in Management*. Cambridge, MA: Harvard Business School Press.
Hopwood, B. (1981). *Whatever Happened to the British Motorcycle Industry?* San Leandro, CA: Haynes.
Huy, Q. N. (2001). In Praise of Middle Managers. *Harvard Business Review, 79*(8), 72–79.
Iacocca, L., Taylor, A., III e Bellis, W. (1988). Iacocca in His Own Words. *Fortune*, 29 de agosto, pp. 38–43.
Ives, B., & Olson, M. (1981). Manager or Technician? The Nature of the Information Systems Manager's Job. *MIS Quarterly, 5*(4), 49–63. Kaplan, A. (1964). *The Conduct of Inquiry: Methodology for Behavioral Science*. San Francisco: Chandler.
Kotter, J. P. (1990). What Leaders Really Do. *Harvard Business Review, 68*(3), 103–111.
Kraut, A. I., Pedigo, P. R., McKenna, D. D. e Dunnette, M. D. (2005). The Role of the Manager: What's Really Important in Different Management Jobs. *Academy of Management Executive, 19*(4), 122–129.
Lewin, D. (1979). On the Place of Design in Engineering. *Design Studies, 1*(2), 113–117.

Lewis, J. M., Beavers, W. R., Gossett, J. T. e Phillips, V. A. (1976). *No Single Thread: Psychological Health in Family Systems*. Nova York: Brunner/Mazel.
Lindblom, C. E. (1968). *The Policy-Making Process*. Englewood Cliffs, NJ: Prentice Hall.
Livingston, J. S. (1971). Myth of the Well-Educated Manager. *Harvard Business Review, 49* (janeiro-fevereiro), 79–89.
Maeterlinck, M. (1901). *The Life of the Bee*. Nova York: Dodd, Mead. Maltz, M. D. (1997). *Bridging Gaps in Police Crime Data: Executive Summary*. Discussion Paper, BJS Fellow Program, Bureau of Justice Statistics. Washington, DC: U.S. Department of Justice, Office of Justice Programs.
McCall, M. W., Jr. (1988). Developing Executives through Work Experiences. *Human Resources Planning, 11*(1), 1–11.
McCall, M. W., Jr., Lombardo, M. M., e Morrison, A. M. (1988). *The Lessons of Experience: How Successful Executives Develop on the Job*. Lexington, MA: Lexington.
McCall, M. W., Jr., Morrison, A. M. e Hannan, R. L. (1978). *Studies of Managerial Work: Results and Methods* (vol. 9, maio). Greensboro, NC: Center for Creative Leadership.
McLuhan, H. M. (1962). *The Gutenberg Galaxy: The Making of Typographic Man*. Toronto: Toronto University Press.
Meindl, J. R., Ehrlich, S. B. e Dukerich, J. M. (1985). The Romance of Leadership. *Administrative Science Quarterly, 30*, 78–102. Miller, D. (1990). *The Icarus Paradox*. Nova York: HarperCollins. Miller, G. A. (1956). The Magic Number Seven, Plus or Minus Two: Some Limits on Our Capacity for Processing Information. *Psychological Review, 63*, 81–97.
Mintzberg, H. (1973). *The Nature of Managerial Work*. Nova York: Harper & Row.
Mintzberg, H. (1979). *The Structuring of Organizations: A Synthesis of the Research*. Englewood Cliffs, NJ: Prentice Hall.
Mintzberg, H. (1983). *Structure in Fives: Designing Effective Organizations*. Englewood Cliffs, NJ: Prentice Hall.
Mintzberg, H. (1987). Crafting Strateg y. *Harvard Business Review, 65*(4), 66–75.
Mintzberg, H. (1989). *Mintzberg on Management: Inside Our Strange World of Organizations*. Nova York: Free Press.
Mintzberg, H. (1990). Manager's Job: Folklore and Fact. *Harvard Business Review, 4*, 86–98.
Mintzberg, H. (1991). Managerial Work: Forty Years Later. In S. Carlson, *Executive Behaviour*. Uppsala: Uppsala University Press. Mintzberg, H. (1994a). The Fall and Rise of Strategic Planning. *Harvard Business Review, 72*(1), 10.
Mintzberg, H. (1994b). Managing as Blended Care. *Journal of Nursing Administration, 24*(9), 29–36.
Mintzberg, H. (1994c). *The Rise and Fall of Strategic Planning: Reconceiving Roles for Planning, Plans, Planners*. Nova York: Free Press. Mintzberg, H. (1994dc). Rounding Out the Manager's Job. *Sloan Management Review, 36*(1), 11–26.
Mintzberg, H. (1998). Covert Leadership. *Harvard Business Review, 76*(6), 140–147.
Mintzberg, H. (2004). *Managers, Not MBAs: A Hard Look at the Soft Practice of Managing and Management Development*. San Francisco: Berrett-Koehler.
Mintzberg, H. (2007). *Tracking Strategies: Toward a General Theory*. Nova York: Oxford University Press.

Mintzberg, H. (2009). *Managing*. San Francisco: Berrett-Koehler.
Mintzberg, H. (2011a). From Management Development to Organization Development with IMpact. *OD Practitioner, 43*(3).
Mintzberg, H. (2011b). Looking Forward to Development *Training & Development*, 13 de fevereiro.
Mintzberg, H. (2012). Developing Naturally: From Management to Organization to Society to Selves. In S. Snook, N. Nohria e R. Khurana (ed.), *The Handbook for Teaching Leadership: Knowing, Doing, and Being*. Thousand Oaks, CA: Sage.
Mintzberg, H., Simons, R., e Basu, K. (2002). Beyond Selfishness. *Sloan Management Review, 44*, 67–74.
Mintzberg, H., A hlstrand, B. e Lampel, J. (2009). *Strategy Safari: A Guided Tour Through the Wilds of Management*. Nova York: Free Press.
Mintzberg, H. e Todd, P. (2012). The Offline Executive. *Strategy+Business*, inverno.
Morris, V. C., Crowson, R. L., Hurwitz, E., Jr. e Porter-Gehrie, C. (1981). *The Urban Principal. Discretionary Decision-Making in a Large Educational Organization*. Chicago: University of Illinois Press. Morris, V. C., Crowson, R. L., Hurwitz, E., Jr. e Porter-Gehrie, C. (1982). The Urban Principal: Middle Manager in the Education Bureaucracy. *Phi Delta Kappan, 64*(10), 689–692.
Neustadt, R. E. (1960). *Presidential Power: The Politics of Leadership*. Nova York: Wiley.
Noël, A. (1989). Strategic Cores and Magnificent Obsessions: Discovering Strategy Formation Through Daily Activities of CEOs. *Strategic Management Journal, 10*(1), 33–49.
Peter, L. J. e Hull, R. (1969). *The Peter Principle*. Nova York: Morrow. Peters, T. J. (1979). Leadership: Sad Facts and Silver Linings. *Harvard Business Review*, novembro-dezembro, pp. 164–172.
Peters, T. J. (1990). *The Case for Experimentation: Or, You Can't Plan Your Way to Unplanning a Formerly Planned Economy*. Boston: TPG Communications.
Peters, T. J. e Waterman, R. H. (1982). *In Search of Excellence: Lessons from America's Best-Run Companies*. Nova York: Harper & Row.
Pitcher, P. C. (1995). *Artists, Craftsmen and Technocrats: The Dreams, Realities and Illusions of Leadership*. Toronto: Stoddart.
Pitcher, P. C. (1997). *The Drama of Leadership*. Nova York: Wiley. Porter, M. E. (1987). Corporate Strategy: The State of Strategic Thinking. *The Economist*, 23 de maio, pp. 17–22.
Rotman School of Management. (ca. 2005). *The Origin of Leaders*. Panfleto, University of Toronto Press.
Sayles, L. R. (1964). *Managerial Behavior: Administration in Complex Organizations*. Nova York: McGraw-Hill.
Sayles, L. R. (1979). *Leadership: What Effective Managers Really Do... and How They Do It*. Nova York: McGraw-Hill.
Simons, R. (1995). *Levers of Control: How Managers Use Innovative Control Systems to Drive Strategic Renewal*. Boston: Harvard Business School Press.
Skinner, W., & Sasser, W. E. (1977). Managers with Impact: Versatile and Inconsistent. *Harvard Business Review, 55*(6), 140–148.
Stewart, R. (1967). *Managers and Their Jobs*. Londres: Macmillan. Taylor, F. W. (1916). *The Principles of Scientific Management*. Nova York: Harper.

Tengblad, S. (2006). Is There a New Managerial Work? A Comparison with Henry Mintzberg's Classic Study 30 Years Later. *Journal of Management Studies, 43*(7), 1437–1461.

Thompson, J. D. (1967). *Organizations in Action: Social Science Bases of Administrative Theory*. Nova York: McGraw-Hill. Weick, K. E. (1980). The Management of Eloquence. *Executive, 6*(3), 18–21.

Whyte, W. F. (1955). *Street Corner Society*. Chicago. University of Chicago Press.

Wilson, E. O. (1971). *The Insect Societies*. Cambridge, MA: Belknap. Wrapp, H. E. (1967). Good Managers Don't Make Police Decisions. *Harvard Business Review, 45(5)*, 91–99.

Zaleznick, A. (1977). Managers and Leaders: Are They Different? *Harvard Business Review*, maio-junho, pp. 67–78. (Reimpressão: *Harvard Business Review*, 2004, *82*(1), 74–81.)

ÍNDICE

Ação, 15–16
    ambiguidade na, 90–91, 107–109
    competência na, 46ss
    equilíbrio com outros papéis, 45
    gestão da mudança na, 91–93
    habilidade para tratar, 27–28, 40–41, 43–44
    no modelo de gestão, 27–28, 40–45
    papel de agir na, 27–28, 40–44
    proativa, 41–43, 108–110
    reativa, 41–44
    reflexão na, 74, 108–111
    tomada de decisão na, 90–91
    uso de *e-mail* na, 23
Acesso ao gerente, 13–14
Acheson, Dean, 16
Aconselhamento lateral, 66–67
Adams, Brian A., 4ss, 28
    gerência de projeto por, 41–42
    papel de estabelecer ligações de, 37–40
    papel reativo de, 42–43
    postura de, 63–64
    pressões temporárias afetando, 54–55
    relações laterais de, 19–20
Adhocracia, 53, 71–72
Advanced Leadership Program, 116–117
Agendamento, 27–28
    competência no, 46ss
    desmembramento no, 28–29
    na orientação à ação, 15–16
Alcance do trabalho, desmembramento antinatural no, 77–78
Aldeia global, 22
Alinsky, Saul, 74
Alocação de recursos, decisões sobre, 32–33
Alocação de recursos, tomada de decisão na, 32–33
Ambiguidade da Ação, 90–91, 107–109
Análise na gestão eficaz, 105–107
Anarquia, 91
Anna Karenina (Tolstói), 98–99

Aprendizado
    impacto organizacional do, 116
    no serviço, 115–116
Arrogância, 89–91
Arte da gestão, 6–7, 7–8ss
    no estilo pessoal, 59ss, 59–60
Autoavaliação
    de gerentes reflexivos, 104–105, 106ss
    do estilo pessoal, 60, 60ss
Autoridade, 31–32
    e o Paradoxo do Controle, 87–89
    hierarquia de, 53–54
    na tomada de decisão, 32
Avaliação
    da eficácia, 112–115
    de potenciais gerentes, 110–113
    do estilo pessoal, 60, 60ss
    métodos de mensuração na, 83–85
    perguntas de autoestudo na, 104–105, 106ss

Barnard, C. I., 43–44, 91–92
Becoming a Manager (Hill), 67
Bennis, W. G., 26
Benz, Jacques, 3, 4ss, 6
    estilo pessoal de, 60–61
    gerência de projeto por, 41–42
    postura de, 65
Bombardier Aerospace, Adams na, 4ss, 19–20, 28, 37–43, 54–55, 63–64
Boyatzis, R. E., 119
Brauman, Rony, 5ss
    contexto externo da gestão, 51–52
    estilo pessoal de, 57–61
    papel de estabelecer ligações de, 39
    postura de, 63
Brook, Peter, 104
BT, Whelan na, 3, 4ss, 6, 42–43, 56–57, 65–66, 110
Burchill, Allen, 4ss, 30
Bush, George W., 90–91, 98

Caos, 23–23
  e o Enigma da Ordem, 85–87
Carlson, Sune, 14, 16–17, 20–21, 28
Centro nervoso da unidade, 29–30, 35, 44, 82–83
Certeza e flexibilidade, dupla busca por, 91–93
Charam, R., 100
Chrysler, 14
Ciência da gestão, 6–8, 7–8ss
  no estilo pessoal, 59ss, 59–60
Cleghorn, John E., 4ss, 6, 28–30
  contexto externo da gestão, 51–52
  contexto organizacional da gestão, 53–54
  papel de estabelecer ligações de, 37–38
  postura de, 65
  promovendo mudança, 91–92
Coaching Ourselves, programa, 34–35, 117
Coalizões, criação de, 43–44, 66
Coe, Peter, 5ss, 56–57
Colaboração
  de gerentes eficazes, 107–109
  delegação de tarefas em, 108–109
  em gestão distribuída, 70–71
Colvin, G., 100
Competência dos gerentes, 45–46, 46ss, 100
Comunicação, 29–31
  competência em, 46ss
  de comunicação subjetiva, 17–18
  e postura, 63–67
  e-mail na, 21–23
  equilíbrio com outros papéis, 45
  não verbal, 17–18, 21–22
  no acesso pessoal, 17–19
  no plano da informação, 27–31
  por gerentes novos, 67
Comunicação não verbal, 17–18, 21–22
Comunitariedade, 6–7
Concepção, e tomada de decisão, 31–32
Conexão
  Dilema da, 78–82, 104–105
  externa, 19, 37, 63, 68, 71–72
  no papel de estabelecer ligações, *Veja* estabelecer ligações, papel de
Confiança, 88–89, 104–105
  ações decididas na, 90–91
Conhecimento dos gerentes, 12, 15–16, 29–30
Contexto da gestão, 50–68
  do serviço. *Veja* Contexto do serviço organizacional, 52–55
  e padrões de fracasso, 100–102
  externo, 50–52, 63, 107–108
  pessoal. *Veja* Contexto pessoal pressões temporárias em, 54–55
Contexto do trabalho
  ajuste do gerente ao, 60–61, 101–102
  aprendizado no, 115–116
  em posições gerenciais naturais e anti-naturais, 77–78
  natureza do trabalho supervisionado, 54–55
  nível na hierarquia, 53–54
  padrões de fracasso no, 100–102
Contexto externo, 50–52
  conectando-se ao, 19, 37, 63, 68, 71–72
  de gerentes mundanos, 107–108
Contexto pessoal, 55–68
  competência no, 46ss
  estabilidade no, 56
  estilo no, 55–63
  experiências de histórico no, 56
  padrões de fracasso no, 100–101
Contratação, processo de escolha de gerentes eficazes na, 110–113
Controle
  comparado à gestão, 85–86
  em pressões temporárias, 54–55
  equilíbrio com outros papéis, 26, 45, 47
  folclore e fatos sobre, 19–21
  Internet afetando o, 22
  na gestão compartilhada, 69–70
  na postura de controle remoto, 63–64
  na tomada de decisão, 31–33
  no plano da informação, 27–33
  Paradoxo do, 87–89
Controle remoto, 63–64
Convencimento, papel de, 39, 47

Cruz Vermelha
   Gullet na, 5ss, 31–32, 38–39, 42–43,
      50–52, 56–57, 63, 91–92
   Omollo na, 5ss, 29–32, 50–52, 63, 79,
      80, 91–92
Cruz Vermelha Internacional
   Gullet na, 5ss, 31–32, 38–39, 42–43,
      50–52, 56–57, 63, 91–92
   Omollo na, 5ss, 29–32, 50–52, 63, 79,
      80, 91–92
Cultura nacional, 50–52
   e gestores mundanos, 107–108
Cultura organizacional, 35–37, 64–65
   na gerentes apoiadora, 71–72

Dados objetivos (*hard*), 83–85
Davis, Sandra, 4ss, 37, 56, 78
Declarações do Business Roundtable,
   113–114
Decomposição, Labirinto da, 76–78, 105
Delegação de tarefas, 14
   Dilema da, 18–19, 82–83
   em colaboração, 108–109
   sistemas de informação afetando a,
      18–19, 82–83
   tomada de decisão na, 32
Deliberação, 32–33, 40–41, 87–88
Departamento de Justiça Canadense
   Rivard no, 4ss
   Tate no, 4ss, 56, 66, 67
Descentralização, 69–70
Desmembramento, 28–29, 77–78, 90–91
Dilema da Conexão, 78–82, 104–105
Dilema da Confiança, 88–89, 104–105
Dilema da Mudança, 91–93, 104, 110
Disseminação de informação, 30
Distribuição de recursos, 32–33
Distúrbios, papel reativo em, 42–44
Drucker, Peter, 1–2, 6–7, 19–20, 98, 120
Dulles, John Foster, 16

Educação de gerentes, 8, 115–117
   como de segunda mão, 78–79
   experiências do histórico em, 56
Eisenhower, Dwight D., 17–18, 55
Eliot, T. S., 107

E-mail, 21–23
   desvantagens do, 17–18, 21–22
   interrupções para, 14, 22–23
   na orientação à ação, 23
Empoderamento, 34, 69–70, 108
Empurrão, 46–47
Enérgicas, qualidades (dos gerentes), 78,
   104
Enigma da Ordem, 85–87, 105
Equipes
   liderança de, 34–35
   na gestão compartilhada, 69–70
Escolha de gerentes eficazes, 110–113
Especialistas
   aconselhamento lateral, 66
   conhecimento de, 15–16
Estabelecer ligações, papel de, 27–28,
   37–40, 38–39ss, 81–82ss
   competência em, 46ss
   conexões externas no, 19, 37, 63, 68,
      71–72
   da gerência média, 81–82
   de gerentes novos, 67
   e postura, 63, 64, 66–67
   equilíbrio com outros papéis, 45
   na gestão apoiadora, 71–72
   na gestão compartilhada, 69–70
   networking no, 37–39
   regulagem no, 39–40
   repasse e convencimento no, 39
   representação no, 38–39
   transmissão no, 39–40
Estabilidade no trabalho, 56
Estatística, informação (e dados concretos), 83–85
Estilo calculista, 59
Estilo cerebral, 59, 76
Estilo desanimado, 60
Estilo desconectado, 60
Estilo desorganizado, 60
Estilo pessoal, 55–63
   avaliação do, 60, 60ss
   correspondência à organização, 101–102
   desequilíbrios no, 100–101
   mudanças no, 61–63

Estratégia, 75–76
  em intervenções pessoais, 65
  moldagem da, 75–76
  na orientação à ação, 41–42
  planejamento da, 8, 75–76
Experiências do histórico, 56

Faculdade de Administração de Harvard, 32, 78, 115–116*n*
Falhas dos gerentes, 96–99, 111
Fayol, Henri, 25–26, 69
Fazer, papel de, 27–28, 40–44
  de gerentes novos, 67
  e postura, 63–65
  em pressões temporárias, 54–55
  equilíbrio com outros papéis, 45
  manutenção do fluxo de trabalho no, 63
  na gestão compartilhada, 69–70
  proativo, 41–43
  reativo, 41–44
Figura de proa, papel de, 38–39, 44
Fitzgerald, F. Scott, 93
Fixação, 27–28
Flexibilidade
  e busca por certeza, 91–93
  no estilo pessoal, 61–63
Fluxo de trabalho, manutenção do, 62–63
Fofoca, 17, 30–31
Folclore da prática da gestão, 12–23
Follett, Mary Parker, 35, 110
Fracasso, padrões de, 98–102
  no sucesso, 102
Fracassos de sucesso, 102
Fragmentação do trabalho
  em interrupções, 13–16
  preferência por, 14–15
Funções da organização, 54–55

Gangues de rua, liderança das, 35–36
General Motors, 69–70*n*
Gênero, diferenças de (no estilo pessoal), 57–59
Gerência alta, 3, 4*ss*–5*ss*
  contexto do trabalho da, 53–54
  postura da, 63–64
  ritmo do trabalho, 13–14
  visão do gerente de si na, 57, 58–59*ss*
Gerência central, 81–82*ss*
Gerência de base, 4*ss*–5*ss*
Gerência média, 4*ss*–5*ss*
  contexto de trabalho da, 53–54
  papel de estabelecer ligações da, 81–82
  posturas da, 63–66
  ritmo do trabalho, 13
  vistão do gerente de si na, 57
Gerência sênior, Paradoxo do Controle afetando, 87–89
Gerenciando a partir do meio, 65–66, 88–89
Gerenciando entre fronteiras, 37–38, 40
Gerenciando no meio, 65–66
Gerente, definição de, 8–9
Gerentes da saúde, 5*ss*, 51–52
Gerentes de negócios, 4*ss*, 51–52
Gerentes eficazes, 95–120
  analíticos, 105–107
  avaliação de, 112–115
  colaborativos, 107–109
  desenvolvimento de, 115–117
  e gerenciando naturalmente, 118–120
  enérgicos, 104
  escolha de, 110–113
  estilo pessoal de, 60, 62
  falhas dos, 96–99, 111
  integradores, 110–111
  modelo para análise de, 102–104, 103–104*ss*
  mundanos, 107–108
  posturas de, 68
  proativos, 108–110
  qualidades dos, 96, 97*ss*, 102–111
  reflexivos, 74, 104–105
Gerentes governamentais, 4*ss*, 51–52
Gerentes mundanos, 107–108
Gestão apoiadora, 71–72
Gestão apoiadora, 71–72
Gestão compartilhada, 69–70
Gestão distribuída, 70–71
Gestão engajadora, 59, 60, 108*ss*, 108–109
  comparada a empoderamento, 34
Gestão máxima, 69

Gestão mínima, 71-72
Gestão natural, 53-54
  e cargos gerenciais antinaturais, 77-78
Gestão operacional, 81-82ss
Gestão participativa, 69-70
Gestão por exceção, 55
Gestão por objetivos, 32-33
Gestão por perambulação, 79
Gilding, Paul, 3, 5ss, 51-52, 56, 64
Global Computing and Electronics, Whelan na, 3, 4ss, 6, 42-43, 56-57, 65-66, 110
Global Express (Bombardier), Adams na, 4ss, 19-20, 28, 37-43, 54-55, 63-64
Goleman, Daniel, 61
Gosling, Jonathan, 91-92
Greenleaf, Robert, 71-72
Greenpeace International, 51-52
  Gilding no, 3, 5ss, 51-52, 56, 64
  Hohnen no, 5ss
Grove, Andy, 32, 46-47, 85-86
GSI, Benz na, 3, 4ss, 6, 41-42, 60-61, 65
Gullet, Abbas, 5ss, 31-32
  contexto externo da gestão, 50-52
  estabilidade no trabalho, 56
  estilo pessoal de, 56-57
  papel de estabelecer ligações de, 38-39
  papel reativo de, 42-43
  postura de, 63
  promovendo mudança, 91-92

Habilidade prática da gestão, 6-8, 7-8ss
  no estilo pessoal, 59ss, 59-60
Hamel, Gary, 71
Handy, Charles, 92-93
Harvard Business Review, 26, 61, 105
Haslam, Carol, 4ss, 27-28
  contexto externo da gestão, 52
  estilo pessoal de, 60-61
  habilidade para tratar de, 44
  papel de ligação de, 38-40
  postura de, 63
Hawkshead Ltd., Haslam na, 4ss. *Veja também* Haslam, Carol
Helgesen, Sally, 57
Hill, Linda, 8, 34-35, 40, 67
Hirsch, Paul, 79-80

Hohnen, Paul, 5ss
Humble, Ralph, 4ss
Huy, Q. N., 54

Iacocca, Lee, 14
IBM, 71
Idade da organização, 53-54
IKEA, 77-78, 98-99
Incorrespondências intencionais, 101-102
Individual, nível (da liderança), 34-35
Indústria, diferenças de, 52
Influência, disseminação de, 39
Informação subjetiva (*soft*), 17-18, 30-31
  comparada a dados objetivos (*hard*), 17-18, 83-85
Inkster, Norman, 3, 4ss, 29-30, 36
  contexto organizacional de, gerenciando, 54, 71
  estilo pessoal de, 61
  postura de, 64-65
Integração na gestão eficaz, 110-111
Intel, Grove na, 32, 46-47, 85-86
Inteligência, 93
International Masters for Health Leadership, 116-117
International Masters in Practicing Management, 74, 102-103, 107, 108, 115-117
Internet, uso da, impacto do, 21-23, 79
Interrupções no dia de trabalho, 13-16
  do e-mail, 14, 22-23
  na orientação à ação, 15-16
  preferência por, 14-15
Intervenções estratégicas, 65
Intuição, 6-7
Irwin, Gordon, 3, 4ss
  contexto organizacional da gestão, 54
  Dilema da Conexão afetando, 79-80
  e gestão natural, 118-119
  gerenciando em fronteiras, 37-38
Isolamento dos gerentes, 79

Jewish General Hospital, Lavoie no, 5ss, 3, 37-38, 47, 56, 61, 63, 81
Johnson & Johnson, 41-43
Joint-Dieterle, Catherine, 5ss, 40-41, 57-61
Julgamento da eficácia gerencial, 112-115

Kamprad, Ingvar, 98–99

Labirinto da Decomposição, 76–78, 105
Lampel, Joseph, 115–116*n*
Lavoie, Fabienne, 5*ss*, 3
   estilo pessoal de, 61
   experiências de histórico de, 56
   múltiplos papéis de, 47
   papel de estabelecer ligações de, 37–38
   postura de, 63
   reunião de informações por, 81
Lewis, J. M., 102–105, 107–108
Liberdade, 21
   na programação, 28
   no papel proativo, 56–57, 109
Liderança, 1–2
   comparada à gestão, 6–7
   competência em, 46ss
   da unidade, 33–37
   do maestro de orquestra, 36–37
   e comunitariedade, 6–7
   e cultura organizacional, 64
   em gestão distribuída, 70–71
   equilíbrio com outros papéis, 45
   falhas de, 98
   heroica, 55, 89, 120
   implícita, 36–37
   na gestão compartilhada, 69–70
   natural, 118–120
   no nível da equipe, 34–35
   no nível individual, 34–35
   no plano das pessoas, 27–28, 33–37
   romance da, 96
   servidora, 71–72
Liderança heroica, 55, 89, 120
Liderança implícita, 36–37
Liedtka, Jeanne, 17
Lindblom, Charles, 90–91
Livingston, J. S., 78–79

Macroliderança, 6, 30–31, 44, 100
Maestro de orquestra, metáfora da gestão do, 19–21, 36–37
Managing (Mintzberg), 2
"Marc" (diretor executivo de hospital), 5*ss*, 62, 63

March, Jim, 6
MBA? Não, obrigado! (Mintzberg), 8, 104–105, 115–116*n*
McKinsey & Company, 112*n*
McLuhan, Marshall, 22
Médicos sem Fronteiras, Brauman nos, 5ss, 39, 51–52, 57–61, 63
Mensuração, métodos de, 83–85, 105
   em eficácia, 112–115
Microgestão, 6, 41–42, 44–45
Miller, Danny, 102
Miller, George, 77
Mintzberg, Max, 4*ss*, 51–54, 62–63
Mishina, Kaz, 108
Mistérios da Mensuração, 83–85, 105
Modelo de gestão, 25–48
   fixação no, 27–28
   gestão afinada no, 45–48
   plano da ação no, 27–28, 40–45
   plano da informação no, 27–33
   plano das pessoas no, 27–28, 32–40
   programação no, 27–29
   visão geral do, 2/ss, 27–28
Modéstia, 88–89
Modismo no trabalho gerencial, 55
Monitoramento, atividades de, 29–30
Morris, V. C., 29–30, 87–88
Mudança, 8–10, 91–93
   caos na, 85–86
   dilema da, 91–93, 104, 110
   e continuidade, 91–92
   flexibilidade na, 91–93
   no estilo pessoal, 61–63
   proativo, 42–43, 56–57, 109–110
Multitarefas, fragmentação do dia de trabalho em, 13–16

Narcisista, estilo, 59
National Health Service (NHS – Serviço Nacional de Saúde) da Inglaterra,
   Coe no, 5ss, 56–57
   Nichol no, 5ss
Negociações, 44
   e postura, 63, 66
   respeitosas, 107–108

Neustadt, R., 17–18
New York Times, 23
Nichol, Duncan, 5ss
No Single Thread: Psychological Health in Family Systems (Lewis), 102–103
Noël, Alain, 28
Novos gerentes, papel de ação dos, 40
  estudo de Hill sobre, 8, 34–35, 40, 67
  papel de criação de equipe dos, 34–35
  postura dos, 66–67
  treinamento e desenvolvimento de, 8, 115–117

Ocupações, comparadas a preocupações, 28
Omollo, Stephen, 5ss, 29–30
  contexto externo da gestão, 50–52
  papel de controle de, 31–32
  postura de, 63
  promovendo mudança, 91–92
  reunião de informações por, 79, 80
Ordem
  e o Paradoxo do Controle, 87–89
  Enigma da, 85–87, 105
Organização maquinal, 53, 63
Organizações
  como contexto do trabalho, 52–55
  cultura das, 35–37, 64–65, 71–72
  diferenças de indústria nas, 52
  diferenças de setor nas, 51–52
  figura de proa representando, 38–39, 44
  formas de, 52–54
  função das, 54–55
  hierarquia nas, 53–54
  idade e tamanho das, 53–54
  liderança das, 35–36
  ordem e caos nas, 85–87
  padrões de fracasso das, 98–102
  silos e placas nas, 79–80, 80ss
  tabela de componentes das, 77
  trabalho de manutenção, 43–44, 91–92
Organizações de projeto, 53, 58–59
Organizações empreendedoras, 53, 62–63
Organizações missionárias, 53
Organizações políticas, 53

Organizações profissionais, 53–54, 63
  gestão apoiadora nas, 71–72
Organizations in Action (Thompson), 91–92
Orquestra Sinfônica de Winnipeg, Tovey na. *Veja também* Tovey, Bramwell

Papéis na gestão
  equilíbrio entre, 25–27, 45–48, 100–101
  modelo de. *Veja também* Modelo de gestão
Paradoxo do Controle, 87–89
Parque Nacional Banff
  e gestão natural, 118–119
  Irwin no, 3, 4ss, 37–38, 54, 79–80, 118–119
  Zinkan no, 4ss, 19–20, 37
Patwell, Beverley, 60
Perspicaz (*insightful*), estilo, 59
Pessoas, plano das, 27–28, 32–40
  caos e ordem no, 85–87
  competência no, 46ss
  confiança no, 88–89
  estabelecer ligações no, 27–28, 37–40
  liderança no, 27–28, 33–37
  na gestão natural, 118–120
  Paradoxo do Controle no, 87–89
Peters, T. J., 25–26, 28, 45, 77, 79, 85–86
Placas e silos, 79–80, 80ss, 81
Planejamento
  Embaraço do, 75–76, 104–105
  estratégico, 8, 75–76
  folclore e fatos sobre, 13–16
  imagem tradicional do, 13
  na orientação à ação, 15–16
  programação no, 28–29
Polícia Montada Real Canadense (RCMP)
  Burchill na, 4ss, 30
  Humble na, 4ss
  Inkster na, 3, 4ss, 29–30, 36, 54, 61, 64–65, 71
Porta-voz, papel de, 30–31
Porter, Michael, 25–26, 45, 75–76
Postura de mescla, 63–64
Posturas de gestão, 62–68
  aconselhamento lateral, 66–67

conexão externa, 63
controle remoto, 63–64
do gerente novo, 67–67
do gerente relutante, 67–68
fortalecimento da cultura, 64–65
gestão a partir do meio, 65–66
gestão no meio, 65–66
intervenção estratégica, 65
manutenção do fluxo de trabalho, 62–63
mescla, 63–64
na gestão eficaz, 68
Prática da administração de empresas (Drucker), 19–20
Prática da gestão, 6–9, 12
  equilíbrio de papéis na, 25–27, 45–48, 100–101
  folclore da, 12–23
  padrões de fracasso na, 98–102
Preocupações, 28
Pressões do trabalho gerencial, 11–23
  Internet afetando as, 21–23
  na orientação à ação, 15–16
  nas interrupções, 13–16
  necessidades de informação e comunicação nas, 16–20
  no caos, 23–23, 85–87
  no ritmo frenético, 13–14
  Problema do Planejamento nas, 75–76
  Síndrome da Superficialidade nas, 73–74
  temporárias, 54–55
Pressões incessantes do trabalho gerencial, 11–23
Pressões temporárias, 54–55
Princípio de Peter, 101–102
Proativo, papel 41–43
  como estilo pessoal, 56–57
  gestão a partir do meio no, 65–66
  liberdade no, 56–57, 109
  na gestão eficaz, 108–110
Problema do Planejamento, 75–76, 104–105
Procter & Gamble, 41
Profissão da gestão, 6–9
Projeto, gerência de, 41–43
  postura na, 63–64

Rádio CBC, Ward na, 4*ss*, 43–44, 54
Reading Hospital, Sheen no, 5*ss*, 56, 60–61, 77–78
Reativo, papel 60, 42–44
Redes (*networks*)
  habilidade para tratar nas, 43–44
  papel de estabelecer ligações nas, 37–39
  postura de conexão externa nas 63
  visão do gerente da posição nas, 57–59
Reflexão
  de gerentes eficazes, 104–105
  e ação, 74, 108–111
  em programas de desenvolvimento, 115–116
  perguntas de autoestudo para, 104–105, 106*ss*
Regulagem, 39–40
Relações
  competência em, 46*ss*
  hierárquicas, 19–20. *Veja também* Relações hierárquicas
  no plano das pessoas, 32–40. *Veja também* Pessoas, plano das
Relações hierárquicas, 19–20
  controle nas, 87–89
  folclore e fatos das, 19–20
  gestão a partir do meio das, 65–66, 88–89
  gestão no meio das, 65–66
  nível da posição nas, 53–54
  silos (*slabs*) e placas nas, 79–80, 80*ss*
  visão do gerente da posição nas, 57–59, 58–59*ss*
Relações laterais, 19–20
  na postura de mescla, 63–64
Relutantes, gerentes, 67–68
Respeito, 22, 108, 119
  na mundanidade, 107–108
Reuniões
  comunicação informal em, 16–18, 22
  interrupções para, 14
Ritmo do trabalho, 13–14
  como caos, 23
  controle do, 19–21
  e a Síndrome da Superficialidade, 73–74
  e o Problema do Planejamento, 75–76

e-mail afetando o, 21–23
interrupções no, 13–16
orientação à ação no, 15–16
reflexão no, 104–105
Rivard, Glen, 4*ss*
Roosevelt, Franklin D., 17–18, 30
Royal Bank of Canada, Cleghorn no, 4*ss*, 6, 28–30, 37–38, 51–54, 65, 91–92
Rules for Radicals (Alinsky), 74

Sasser, W. E., 105
Sayles, L. R., 15, 16, 20–21
Secretárias, papel das, 14
Setor, diferenças de, 51–52
Setor plural, 5*ss*, 51–52
Sheen, Ann, 5*ss*, 56, 60–61, 77–78
Silos nas organizações, 79–80, 80*ss*
Simon, Herbert, 26
Simons, Robert, 32
Síndrome da Superficialidade, 15–16, 73–75, 100, 104–105
Singer, Isaac Bashevis, 109
Síntese na gestão, 76
 e integração, 110–111
Sistema de informação, 27–33
 acesso pessoal em, 17–19
 análise em, 105–107
 centro nervoso em, 29–30, 35, 44, 82–83
 competência em, 46*ss*
 computadorizado, 16–17
 comunicação não verbal em, 17–18, 21–22
 conexões em, 78–82
 controle em, 27–33
 dados concretos em, 83–85
 desmembramento em, 77
 disseminação de informação em, 30
 em delegação de tarefas, 18–19, 82–83
 e-mail e Internet em, 21–23
 folclore e fatos sobre, 16–19
 formal, 16–18
 informação subjetiva em, 17–18, 30–31
 informal, 16–19
 interrupções para, 15
 mensurações em, 83–85
 monitoramento de, 29–30

na aldeia global, 22
na gestão compartilhada, 69–70
na orientação à ação, 15–16
no modelo de gestão, 27–33
papel de comunicação em, 27–31
papel de ligação em, 37–40
porta-voz em, 30–31
reguladores em, 39–40
relações hierárquicas em, 19–20
relações laterais em, 19–20
silos em, 79–80, 80*ss*
Sistemas familiares, 98–111
Skinner, W., 105
Sloan, Alfred, 69–70*n*
St. Charles Hospital, Webb no, 5*ss*, 56, 64, 67
St. Mary's Hospital, Thick no, 5*ss*, 56, 64
Stakeholders externos, conexão com, 19, 37, 68, 71–72
 no papel de porta-voz, 30–31
Stanford, Faculdade de Administração de, 6
Subordinados, 19
 controle dos, 30–31
 e criação de equipe, 34–35
 na postura de mescla, 63–64
 ordem e caos afetando os, 85–86
Superiores, 19
 na postura de mescla, 63–64

Tamanho da organização, 53–54
Tate, John, 4*ss*, 56, 66, 67
Taylor, Frederick, 8
Telefonemas
 comunicação informal em, 16–18, 22
 interrupções para, 14
Tempo, uso do
 agendamento do, 15–16, 27–29, 46*ss*
 liberdade no, 28
Território geográfico do serviço, 77–78
The Empty Space (Brook), 104
The Female Advantage: Women's Wages of Leadership (Helgesen), 57
The Icarus Paradox (Miller), 102
The Nature of Managerial Work (Mintzberg), 2

The Rise and Fall of Strategic Planning (Mintzberg), 75–76*n*
The Telephone Booth, Mintzberg na, 4*ss*, 51–54, 62–63
Thick, Michael, 5*ss*, 56, 64
Thompson, James D., 91–92
Tomada de decisão, 26
　ambiguidade na, 90–91
　controle na, 31–33
　desmembramento na, 90–91
　equilíbrio com outros papéis, 26
　na gestão apoiadora, 71–72
　temerariamente decidida, 98
Tovey, Bramwell, 5*ss*, 3
　contexto do trabalho gerencial, 50, 55
　contexto externo da gestão, 52
　Dilema da Conexão afetando, 79–80
　estilo pessoal de, 61
　liderança de, 6, 36–37
　papel de controle de, 31–32
　papel de figura de proa de, 39
　postura de, 63
Trabalho, ritmo do. *Veja também* Ritmo do trabalho
Tratamento, papel de 27–28, 40–41, 43–44
　de gerentes novos, 67
　e postura, 63–64, 66
　na gestão apoiadora, 71–72
　na gestão compartilhada, 69–70
Treinamento de gerentes, 8, 115–117
　como de segunda mão, 78–79
　experiências de histórico no, 56

Truman, Harry S., 17–18, 55, 87–88

Unidade da organização,
　centro nervoso da, 29–30, 35, 44, 82–83
　cultura da, 35–36
　eficácia da, 112–113
　liderança da, 33–37
　papel de agir na, 40–44

Valor do acionista, 8, 29
Vão administrativo, 79–82
Variedade na prática de gestão, 49–72
　contexto externo na, 50–52
　fatores organizacionais na, 52–55
　fatores pessoais na, 55–63
　por não gerentes, 68–72
　posturas na, 62–68
　pressões temporárias na, 54–55

Ward, Doug, 4*ss*, 43–44, 54
Waterman, R. H., 28, 77, 79
Webb, Stewart, 5*ss*, 56, 64, 67
Whelan, Alan, 3, 4*ss*, 6, 110
　estabilidade no trabalho, 56
　estilo pessoal de, 56–57
　papel reativo de, 42–43
　postura de, 65–66
Whyte, William F., 35

Zaleznik, 6
Zinkan, Charlie, 4*ss*, 19–20, 37